操作系统课程思政案例库设计

姜德迅 著

中国纺织出版社有限公司

图书在版编目（CIP）数据

操作系统课程思政案例库设计/姜德迅著.--北京：中国纺织出版社有限公司，2024.1
ISBN 978-7-5229-1410-7

Ⅰ.①操… Ⅱ.①姜… Ⅲ.①高等学校-思想政治教育-教案（教育）-中国 Ⅳ.①G641

中国国家版本馆 CIP 数据核字（2024）第 039376 号

责任编辑：张　宏　　责任校对：高　涵　　责任印制：储志伟

中国纺织出版社有限公司出版发行
地址：北京市朝阳区百子湾东里 A407 号楼　邮政编码：100124
销售电话：010—67004422　传真：010—87155801
http://www.c-textilep.com
中国纺织出版社天猫旗舰店
官方微博 http://weibo.com/2119887771
三河市延风印装有限公司印刷　各地新华书店经销
2024 年 1 月第 1 版第 1 次印刷
开本：710×1000　1/16　印张：15.5
字数：248 千字　定价：98.00 元

凡购本书，如有缺页、倒页、脱页，由本社图书营销中心调换

前言 | Preface

  课程思政教学是将德育与智育相统一，知识传授、能力培养和价值塑造相统一的重要着力点，是理工科本科教学实践过程的重要组成部分。同时操作系统课程是理工色彩很浓厚、逻辑性和技术性很强的课程，十分不容易进行人文色彩浓厚的课程思政教育。为解决操作系统本科课程在授课过程中存在的课程思政素材挖掘能力不足和思政育人资源匮乏的问题，经广泛调研、研讨、素材收集、课程实践和资料整理，总结形成了本书的课程思政教学案例库。

  本书旨在探索如何在计算机操作系统课程中注入思政教育元素，帮助学生在学习知识和技术的同时，更好地接受思想政治方面的教育，认识社会、认识自己，培养健康的心理和道德素养，提高职业素养和综合素质。本书旨在为计算机操作系统课程的教师提供有益的参考和指导，帮助他们更好地理解和应用思政教育理念，构建合适的课程思政教育体系，培养有志于推动社会发展、服务人民的计算机科学和技术人才。

  本书从计算机操作系统本科课程的知识框架出发，首先简要论述了知识框架中每一个知识点的内容，并根据具体内容，分析、挖掘课程内容对应的思政资源切入点，接着选择其中一个切入点，设计详细的课程思政案例，包括案例题目、案例内容和思政教育价值。对于各章节的每一个知识点，都对应包括知识点内容、思政资源切入点和课程思政案例。

我们相信，通过合理的课程思政教育设计和正确的实践活动的引导，学生的道德素养、职业素养和综合素质会得到全面提升，为建设更加美好的社会和实现中华民族伟大复兴的中国梦做出积极的贡献。

本书可作为计算机专业本科生或其他相关专业本科生的学习辅助教材，也可以作为相关课程思政授课教师的参考用书。

本书主要由姜德迅编写。王知非对本书的编写提出了很多建设性的意见。感谢所有为本书献言献策、提供帮助和支持的人员和单位。同时，我们也希望读者能够在阅读本书的过程中，获得启示和收获，并在实践中不断创新和探索，为推动计算机操作系统课程思政教育贡献自己的力量。

对于本书中出现的错误和缺点，欢迎读者给予批评指正。

姜德迅

2023 年 5 月

目 录 | Contents

1 操作系统引论课程思政教学案例设计 …………………………………… 1
    1.1 操作系统的定义 ………………………………………………………… 1
    1.2 操作系统的产生和发展 ………………………………………………… 6
    1.3 操作系统的特征 ………………………………………………………… 13
    1.4 操作系统的功能 ………………………………………………………… 19
    1.5 操作系统的类型 ………………………………………………………… 27

2 进程与线程课程思政教学案例设计 ……………………………………… 39
    2.1 进程的引入 ……………………………………………………………… 39
    2.2 进程的状态及组成 ……………………………………………………… 44
    2.3 进程控制 ………………………………………………………………… 47
    2.4 线程 ……………………………………………………………………… 53

3 进程同步与通信课程思政教学案例设计 ………………………………… 57
    3.1 进程同步与互斥 ………………………………………………………… 57
    3.2 经典进程同步与互斥问题 ……………………………………………… 64
    3.3 AND 信号量 ……………………………………………………………… 70
    3.4 管程 ……………………………………………………………………… 74
    3.5 进程通信 ………………………………………………………………… 81

4 调度与死锁课程思政教学案例设计 ……………………………………… 87
    4.1 调度类型与准则 ………………………………………………………… 87

4.2 调度算法 …………………………………………………… 93
 4.3 死锁的基本概念 …………………………………………… 101
 4.4 死锁的预防和避免 ………………………………………… 107
 4.5 死锁的检测与解除 ………………………………………… 111

5 存储管理课程思政教学案例设计 …………………………… 119
 5.1 程序的装入和链接 ………………………………………… 119
 5.2 连续分配存储管理方式 …………………………………… 123
 5.3 页式存储管理 ……………………………………………… 129
 5.4 段式存储管理 ……………………………………………… 140
 5.5 段页式存储管理 …………………………………………… 142

6 虚拟存储管理课程思政教学案例设计 ……………………… 145
 6.1 虚拟存储器的引入 ………………………………………… 145
 6.2 请求页式存储管理 ………………………………………… 150
 6.3 请求段式存储管理 ………………………………………… 162

7 设备管理课程思政教学案例设计 …………………………… 167
 7.1 I/O 管理概述 ……………………………………………… 167
 7.2 I/O 控制方式 ……………………………………………… 173
 7.3 I/O 系统 …………………………………………………… 180
 7.4 磁盘管理 …………………………………………………… 185
 7.5 缓冲管理 …………………………………………………… 194

8 文件管理课程思政教学案例设计 …………………………… 205
 8.1 文件概述 …………………………………………………… 205
 8.2 文件结构和系统 …………………………………………… 213
 8.3 目录 ………………………………………………………… 218
 8.4 文件系统实现 ……………………………………………… 232

参考文献 ………………………………………………………… 239

1

操作系统引论课程思政教学案例设计

1.1 操作系统的定义

1.1.1 资源管理的观点

 课程知识点内容

操作系统是用来管理计算机系统的。现代计算机系统的硬件包括中央处理机、内存储器、时钟、磁盘、磁带设备、终端、激光打印机、网络接口和其他设备。操作系统的任务是在相互竞争的程序之间有序地控制中央处理机、内存储器及其他输入输出设备的分配。

 思政资源切入点

利用计算机技术提高生产力的思想：操作系统作为计算机系统的重要组成部分，通过有效管理计算机系统中的各个硬件设备，提高了计算机的工作效率，从而更好地满足了人们的生产和生活需求。

共享和公平原则的思想：操作系统在相互竞争的程序之间有序地控制中央处理机、内存储器及其他输入输出设备的分配，实现了资源的共享和公平分配，保证了多个程序之间的公平性和合理性。

服务意识的思想：操作系统以服务用户为宗旨，通过管理计算机系统的各个方面，为用户提供高效、可靠、安全的计算机服务，满足用户的各种需求。

信息技术的应用与发展的思想：操作系统是信息技术的重要应用之

一，它随着计算机技术的发展而不断演进，为计算机系统的高效运行提供了保障，并促进了信息技术的不断创新和发展。

 **课程思政案例**

案例题目：资源共享与公平分配——操作系统的思想在社会生活中的应用
案例内容：

在社会生活中，资源的分配和利用是一个重要的问题。例如，在城市中，人们需要共同使用的资源包括道路、公园、娱乐场所等。如果对资源没有进行管理和适当调控，就会产生一些问题，例如，道路拥堵、公园过度拥挤、娱乐场所资源的不均等。为了解决这些问题，城市管理部门可以借鉴操作系统的思想，实现资源的共享和公平分配。

操作系统通过实现资源的共享和公平分配，保证多个程序之间的公平性和合理性。同样地，城市管理部门可以通过制定和执行相应的规章制度，对城市资源的使用进行管理和调控，实现资源的共享和公平分配。例如，可以对城市道路进行管理，通过设置专用车道、限制车速等措施，避免道路拥堵；对公园进行管理，通过开展不同类型的活动、扩大公园面积等方式，实现公园资源的合理利用；对娱乐场所进行管理，通过制定排队机制、设置等候区等方式，避免娱乐资源的不均等问题。

通过实现资源的共享和公平分配，城市管理部门可以有效地解决城市资源利用过程中出现的一系列问题，保证城市资源的合理利用和公平分配，为人民群众提供更好的城市生活环境。

思政教育价值：

通过这个案例，可以让学生了解操作系统的思想在现实生活中的应用，认识到资源共享和公平分配的重要性，培养学生的公民意识和责任感，强化学生的社会责任感和使命感。同时，可以引导学生关注社会问题，思考如何通过科学技术和社会管理手段来解决这些问题，提高学生的社会责任感和社会参与能力。

 课程知识点内容

操作系统的任务就是跟踪程序的运行情况，了解程序需要什么资源，并满足它们的资源请求，记录它们对资源的使用情况，以及协调各个程序和用户对资源使用请求的冲突，并在此基础上最大可能地提高各种资源的利用率。

 思政资源切入点

操作系统的任务体现了共产主义思想的基本原则：资源共享、平等、公正。操作系统负责管理和协调计算机系统中各个程序和用户的资源使用，以确保资源分配公平、合理和高效，同时最大限度地减少浪费和不必要的消耗。这符合共产主义思想中强调的人人平等、物物平等、共同富裕的原则，以及节约资源、保护环境的重要思想。此外，操作系统还需要保护计算机系统的安全和稳定，确保用户信息的隐私和安全，体现了社会主义法治和安全保障的重要性。

 课程思政案例

案例题目：操作系统的资源管理

案例内容：

某公司的服务器上安装了操作系统，由于公司有多个部门需要使用这台服务器，操作系统需要对各个部门的程序和用户进行资源管理。例如，部门 A 需要使用数据库，部门 B 需要使用邮件服务器，部门 C 需要使用文件共享，操作系统需要跟踪这些程序的资源使用情况，了解它们需要什么资源，并满足它们的资源请求。

当有多个部门同时请求同一资源时，操作系统需要协调各个程序和用户对资源使用请求的冲突，并在此基础上最大可能地提高各种资源的利用率。例如，当部门 A 和部门 B 同时请求使用 CPU 时，操作系统需要协调它们的请求，合理地分配 CPU 的时间片，以保证 CPU 的最大利用率。

此外，操作系统还需要记录各个程序对资源的使用情况，以便公司进行资源评估和优化。

思政教育价值：

本案例涉及资源管理的概念和操作系统的作用，可以引导学生认识资源的重要性，让学生了解如何在多个程序和用户之间进行资源的合理分配，从而提高资源的利用率。

同时，本案例也可以引导学生思考资源的有限性，以及如何在资源有限的情况下合理分配和利用资源，培养学生的资源节约意识和资源管理能力。

此外，通过本案例的讨论和分析，可以让学生认识到操作系统在计算机系统中的重要作用，以及操作系统的资源管理和进程管理等方面的功能，从而深入了解计算机系统的运行原理和操作系统的作用。

1.1.2 用户的观点

课程知识点内容

（1）操作系统为用户提供适宜的工作环境，增强用户对程序运行的控制能力。

（2）操作系统配置各种子系统和程序库，增强用户的解题能力。

（3）操作系统提供方便的数据操作接口，简化输入输出操作程序和统一资源的分配管理。

（4）操作系统提供灵活、方便、友好的用户界面，方便用户使用计算机。

思政资源切入点

以上内容涉及操作系统在服务用户的过程中，应该遵循的一些思政原则，具体如下：

用户至上的思想：操作系统的设计要从用户的角度出发，为用户提供方便、灵活、友好的使用体验，满足用户的需求和期望。

立足国情的思想：操作系统的设计应该考虑国情和社会文化背景，满足国家的信息化建设和人民群众的需求。

公平和共享的思想：操作系统应该保证资源的公平分配和共享，使得多个用户之间可以平等地使用计算机资源。

简洁高效的思想：操作系统的设计应该追求简洁高效的原则，减少不必要的功能和冗余代码，提高操作系统的运行效率和稳定性。

安全保密的思想：操作系统应该具备安全可靠的特性，保护用户的隐私和数据安全，防止恶意攻击和病毒侵袭。

创新发展的思想：操作系统应该积极探索新的技术和方法，不断创新和发展，满足不同应用场景的需求，推动计算机技术的进步和发展。

课程思政案例

案例题目：操作系统对用户的重要性

案例内容：

某高校的计算机科学专业开设了操作系统课程，老师在上课时向学生讲解操作系统对于用户的重要性，并提供了以下功能的例子：

（1）创造适宜的工作环境：操作系统可以为用户提供一个舒适、稳定的工作环境，帮助用户更好地控制自己的程序运行。

（2）提供各种子系统和程序库：操作系统可以为用户配置各种子系统和程序库，以便用户编写、调试、修改和运行自己的程序，从而增强用户的解题能力。

（3）提供方便的数据操作接口：操作系统可以为用户提供方便的数据操作接口，简化输入输出操作，统一资源的分配管理。

（4）提供友好的用户界面：操作系统可以为用户提供灵活、方便、友好的用户界面，使用户更容易理解和使用计算机系统。

通过讲解以上内容，老师希望学生能够了解操作系统对用户的重要性，以及操作系统为用户提供的各种便利和功能，从而使学生更好地理解操作系统的作用和价值。

思政教育价值：

本案例可以让学生深刻认识到操作系统对于用户的重要性，以及操作系统在提供各种功能的同时，也为用户带来了极大的便利和帮助。同时，学生也可以通过本案例了解到，在计算机科学领域，除了技术本身，还需要注重人性化、用户体验等方面，以提高计算机系统的使用价值和人类生活质量。

1.2 操作系统的产生和发展

 课程知识点内容

操作系统的形成和发展与计算机硬件的发展密不可分。计算机的发展经历了四代，随着每一代计算机性能的不断提高，运行其上的操作系统也从无到有、从简单到复杂地逐步发展起来，成为一个非常重要的系统软件。

 思政资源切入点

计算机硬件的发展推动了操作系统的形成和发展，而操作系统的发展又为计算机的应用提供了更强大的支持和保障。这一过程体现了技术与经济的互动关系，即技术的发展与应用的需求相互作用，推动了计算机产业的发展。

操作系统的发展是人类科技进步的产物，也是人类智慧的结晶。随着操作系统的发展，计算机的应用越来越广泛，为人类带来了更多的便利和创造力。这一过程体现了人类与科技的关系，即科技的发展应该服务于人类的需要，推动人类社会的进步。

 **课程思政案例**

案例题目：操作系统的发展与计算机硬件的进步

案例内容：

在计算机发展的历程中，操作系统是一个不可或缺的组成部分。它的形成和发展随着计算机硬件的进步和发展而不断演化。计算机的发展可以大致分为四代，每一代的计算机性能较以往都有显著的提高，也催生了对应的操作系统。

第一代计算机是以真空管为基础的，操作系统很简单，只能够实现一些最基本的功能，如处理器分配等。

第二代计算机采用的是晶体管，使得计算机性能有了显著的提高。这时候出现了类似于OS/360、DOS等操作系统，支持多道程序运行和批处理。

第三代计算机采用的是集成电路，使得计算机性能又有了一个质的飞跃。

这时候出现了类似于 UNIX、VMS 等操作系统，支持多用户、分时操作和虚拟存储器等高级功能。

第四代计算机是指采用了微处理器和大规模集成电路技术的计算机，性能再次得到了极大的提高。这时候出现了类似于 Windows、Mac OS 等图形化界面的操作系统，让用户可以更方便地使用计算机。

思政教育价值：

计算机的发展历程是一段充满创新和进步的历史，每一代计算机的出现都推动了操作系统的发展。操作系统作为一个非常重要的系统软件，随着计算机的发展进行不断的升级和优化，为用户提供更好的使用体验。这种技术的发展也展示了人类的智慧和创造力，是对科学技术进步的一个有力佐证。同时，操作系统的发展还反映了人类对于计算机与人类之间的交互方式的思考，体现了人类对于人机交互的需求和探索。这些都具有重要的思政教育价值，可以引导学生在学习计算机科学技术的过程中，探索科技与人类社会的关系，进一步拓宽视野，增强科学素养和创新精神。

1.2.1 第一代计算机操作系统

 课程知识点内容

在第一代计算机上运行的程序全部使用机器语言写成，没有程序设计语言，操作系统更是不会有。当时的计算机采用手工方式进行操作，即程序员提前将程序写在卡片上，然后通过卡片输入机输入计算机，再利用控制台开关启动程序运行，程序运行完毕后，程序员才能取出打印好的结果，这样的过程完全是在人工干预下完成的。

 思政资源切入点

技术与人文的相互促进：操作系统的发展是计算机技术发展的必然产物，同时也促进了计算机技术的进一步发展。在计算机技术的发展中，技术与人文是相互促进、相互渗透的，人类对于技术的需求也推动了技术的进步。

社会责任感：操作系统是为用户提供服务的软件，因此它不仅需要具备高效性和稳定性，还需要具备社会责任感，能够为用户提供安全、可靠的计算环境，保障用户信息的安全和隐私。

科技创新的重要性：随着计算机硬件的不断更新换代，操作系统需要不断进行升级和改进，以适应新的硬件环境和用户需求。因此，科技创新是操作系统发展的重要驱动力，只有不断推进科技创新，才能不断提升操作系统的性能和功能，为用户提供更好的服务。

开放、合作的精神：在操作系统的发展中，开放、合作的精神是非常重要的。操作系统需要与各种硬件和软件兼容，需要与其他系统进行协同工作，需要与用户进行交互。因此，开放、合作的精神可以促进操作系统的发展，提高系统的兼容性和可操作性。

课程思政案例

案例题目：计算机的发展与操作系统的诞生

案例内容：

在第一代计算机时期，使用计算机完全是靠手工操作，没有程序设计语言和操作系统的支持。需要程序员提前将程序手写在卡片上，通过卡片输入机输入计算机，再利用控制台开关启动程序运行。程序运行完毕后，程序员才能取出打印好的结果，整个过程完全是在人工干预下完成的。

随着计算机硬件技术的不断发展，计算机的性能不断提高，但操作系统的问题成为制约计算机运行效率的瓶颈。为了提高计算机的效率和可靠性，操作系统开始慢慢地被引入计算机系统中。第一代计算机时期的操作系统仅仅是简单的输入输出控制程序，随着计算机硬件的发展，操作系统也随之不断地发展完善。

思政教育价值：

通过本案例，学生们可以了解计算机的发展历程和操作系统的诞生过程。可以看到操作系统的出现和发展不是一蹴而就的，而是与计算机硬件技术的发展密不可分。这也为我们了解科技发展的规律提供了一个生动的例子。同时，本案例还可以引导学生们认识到技术的进步对社会的影响，计算机技术的发展极大地推动了社会的进步和发展，而操作系统的发展也为计算机的高效运行提供了基础保障。

1.2.2 第二代计算机操作系统

 课程知识点内容

由于程序和数据的输入都不是在主机的控制之下进行的，而是在一台专门用作输入输出的计算机的控制之下进行的，或者说，输入输出工作是在脱离主机的情况之下进行的，故称为脱机输入输出（OffLine I/O）。

 思政资源切入点

脱机输入输出的出现使得计算机的输入输出速度得到了大幅提升，提高了计算机系统的效率和可靠性。这与社会发展中人们对效率和可靠性的追求不谋而合。同时，脱机输入输出的发展也需要遵循开放、创新的思想，推动技术的不断进步和发展，为人类社会的发展做出贡献。此外，在脱机输入输出的应用过程中，也需要遵循合法合规、保护用户隐私等课程思政原则，促进科技与社会的良性互动。

 **课程思政案例**

案例题目：脱机输入输出的发展和应用

案例内容：

在计算机发展的初期，输入输出设备与主机之间的数据传输都是通过一种称为脱机输入输出的方式来完成的。脱机输入输出是指，输入输出设备的控制器与主机分离，在输入输出设备与主机之间增加了一台独立的脱机设备来进行数据的传输和转换。

在脱机输入输出的过程中，数据的输入输出不需要主机的控制，因此可以提高计算机的并行性，提高整个系统的效率。随着计算机技术的不断发展，脱机输入输出技术已经逐渐被淘汰，取而代之的是更加高效的输入输出技术。

然而，脱机输入输出技术的发展和应用对于我们理解计算机的发展历程具有重要意义。它提醒我们，在计算机发展初期，许多技术都是以类似的方式开始的，需要经历不断地改进和发展，才能逐步成熟和普及。

思政教育价值：

（1）让学生了解计算机技术发展的历程，加深对计算机技术的认识和理解。

（2）强调技术的不断更新和进步，提醒学生要保持学习和创新的态度。

（3）培养学生的创新精神和实践能力，引导学生在掌握基本技术的基础上，进行技术的改进和创新。

（4）强调计算机技术的应用和发展对于社会进步的推动作用，让学生了解计算机技术的社会价值和作用。

1.2.3 第三代计算机操作系统

课程知识点内容

由于多道程序设计的引入，操作系统变得复杂了，其性能也提高了，它很适合于大型的科学计算和繁忙的数据处理。但是这种批处理系统对用户来说有一个很不方便的地方，就是用户的要求不能得到很快的响应。从一个作业被提交到得到运算结果往往长达数小时，有时一个标点符号的误用造成编译失败，也会浪费程序员几个小时的时间。

思政资源切入点

以上内容可以引导学生思考操作系统的发展历程，对于人们生产、学习、生活的影响和作用，同时也可以引发对于计算机技术发展与人类社会发展关系的思考。另外，还可以从批处理系统存在的问题出发，讨论操作系统对于用户体验和响应速度的影响，引发对于操作系统设计的目标和原则的探讨。同时也可以引导学生关注计算机技术发展对于社会的影响，比如计算机技术的普及和计算能力的提升，给人们带来的生产、工作和生活方式的改变等。

批处理系统虽然可以高效地利用计算机资源，但是对于用户来说，等待时间过长和对错误的处理不及时都会影响其工作效率和体验。这就需要我们思考如何在提高资源利用率的前提下，为用户提供更好的使用体验和服务。

在计算机系统的设计和开发中，我们需要考虑如何合理分配计算机资源，同时充分考虑用户的需求和体验。这不仅需要技术上的创新，还需要我们具备高度的社会责任感和伦理意识，关注用户的权益和利益，注重平衡资源的利用效率和用户的需求。

此外，从课程思政的角度来看，批处理系统的出现也启示我们要注重技术的应用和发展，创造更多的技术创新和发展机会，为社会发展和人类福祉做出更大的贡献。

课程思政案例

案例题目：多道程序设计中用户响应问题的思考

案例内容：

随着多道程序设计的引入，操作系统变得复杂而高效，能够适应大规模的科学计算和数据处理。但是，这种批处理系统也存在着不足，即用户的要求不能得到很快的响应。由于整个系统都是由主机来控制，用户提交的作业只能排在队列中等待处理，有时需要数小时才能得到运算结果。即使在编译程序时出现一个标点符号的误用，也会浪费程序员几小时的时间。这些不便给用户带来了很大的困扰。

思政教育价值：

这个案例可以启发学生们思考技术发展背后的社会问题，如何解决技术发展中的瓶颈问题，以及如何在技术高效运转的同时保障用户的需求和利益。此外，该案例也可以引导学生们思考技术应用的人性化问题，如何让计算机更好地服务于人类，更好地满足人类的需求，而不是让人类去适应计算机的运转方式。

此外，这个案例也可以引导学生们思考解决技术问题的思路，如何通过技术手段来改善用户的体验和响应速度。也让学生们了解到，解决技术问题不仅需要具备技术能力，还需要对用户需求有深入的了解和洞察，才能找到最适合的解决方案。

最后，这个案例也可以引导学生们思考技术对社会发展的影响，以及技术与人文精神之间的平衡关系。如何在技术发展的同时保护人文精神和价值观，使技术成为人类进步的助力，而非人类价值观的替代品。

1.2.4　第四代计算机操作系统

 课程知识点内容

随着大规模集成电路（每平方厘米芯片上集成数千个晶体管）的发展，计算机逐步向着微型化、网络化和智能化的方向发展。

 思政资源切入点

以上内容所涉及的计算机技术发展历程，折射出了人类社会在科技、经济、文化等多个领域的发展和变革。随着大规模集成电路技术的发展，计算机不断地向着微型化、网络化和智能化的方向发展，这也使得计算机在各个行业和领域的应用范围不断扩大，对人们的生产、生活、文化娱乐等方面产生了极大的改变和影响。从课程思政的角度来看，这种技术进步的背后，是人类对于科技创新和实践的不懈追求，也是人类在生产和生活中不断探索、挑战和超越的过程。这种科技进步和变革，推动了人类社会的发展和进步，也需要我们在应用技术的同时，注重社会责任和伦理道德，以科技服务于人类的幸福和发展。

 **课程思政案例**

案例题目：从大型机到微型化、网络化、智能化——计算机发展的历程
案例内容：

计算机从第一代到第四代的发展经历了从体积庞大、性能低下到微型化、网络化、智能化的历程。随着大规模集成电路的发展，计算机变得越来越小巧，能够在桌面上工作的个人计算机出现了，这使计算机走进了千家万户，改变了人们的生活方式。

同时，互联网的出现也使计算机实现了网络化，人们可以通过计算机连接到世界各地，实现信息的快速交流和共享。计算机也逐步具备了智能化的能力，人工智能技术的发展，使计算机具备了语音识别、图像识别、自然语言处理等能力，成为人们日常生活中不可或缺的工具。

思政教育价值：

（1）科技创新是推动社会进步的重要力量，计算机技术的发展是科技创新的一个重要方面。通过讲解计算机的发展历程，可以让学生了解科技创新的重要性，并引导学生关注当前科技领域的热点问题，培养学生的科学探究精神。

（2）计算机的发展也反映了人类智慧的发展历程，从第一代计算机的手工操作，到第四代计算机的人工智能，计算机不仅改变了我们的生活方式，也改变了我们的认知方式。通过讲解计算机发展的历程，可以引导学生认识到人类智慧的发展历程，激发学生对于人类未来发展的探索和思考。

（3）计算机技术的应用已经渗透到各个行业和领域，了解计算机发展的历程，可以帮助学生认识到计算机技术在社会中的重要性和广泛应用，引导学生将计算机技术应用到自己的学习和工作中，增强学生的实践能力和应用能力。

1.3 操作系统的特征

1.3.1 并发性

课程知识点内容

并发是指两个或两个以上的事物在同一时间间隔发生。并发和并行很相似，但它们是有区别的。并行是指两个或两个以上的事物在同一时刻发生。操作系统的并发性具体体现在用户程序与用户程序之间的并发执行及用户程序和操作系统程序之间的并发执行。

思政资源切入点

社会责任感：并发和并行技术的发展使得计算机系统的处理能力大大提高，但同时也带来了新的社会责任。在并发执行的情况下，需要考虑资源共享和冲突管理等问题，同时还需要考虑数据安全和隐私保护等问题。

创新精神：并发和并行技术的发展离不开计算机科学家的创新精神。他们不断探索新的算法和技术，使得计算机系统的并发性能得到了大幅提升。

知识产权保护：并发和并行技术的发展也带来了新的知识产权保护问题。新的算法和技术的产生和应用需要遵守知识产权法律和道德规范，不得侵犯他人的知识产权。

国际竞争：并发和并行技术的发展是全球性的趋势，各国都在积极推进相关技术的研发和应用。在这个领域，国际竞争非常激烈，需要我国的计算机科学家不断创新，提高自身的竞争力。

课程思政案例

案例题目：操作系统中的并发与并行
案例内容：

当多个用户程序同时运行时，需要操作系统来协调和调度这些程序的执行，以保证它们能够有序地、正确地执行，同时不会相互干扰。

在操作系统中，为了提高系统的并发性和性能，通常会采用多线程技术和多核并行处理技术。多线程技术能够让一个程序同时执行多个任务，而多核并行处理技术是让一个任务分成多个子任务，并在多个处理器核心上同时执行。这些技术的应用，使操作系统能够更加高效地管理和调度任务，提高计算机的并发性和并行性。

思政教育价值：

操作系统中的并发和并行是计算机科学中的重要概念，涉及计算机的性能、效率和安全等方面。通过对这一概念的学习和理解，可以使学生更好地理解计算机科学中的一些基本原理和概念，培养他们的计算机科学素养和科学思维能力。同时，也可以引导学生了解计算机操作系统的基本原理和工作机制，认识到操作系统对计算机系统性能和安全的重要性，增强他们对计算机系统的整体认识和理解。此外，还可以让学生认识到多线程和多核并行处理等技术的应用和优势，了解计算机技术发展的前沿动态和趋势，激发他们对计算机科学的兴趣和热情。

1.3.2 共享性

 课程知识点内容

共享是指计算机中的各种资源供在其上运行的程序共同享用。这种共享是在操作系统的统一控制下实现的。共享有两种方式，即互斥共享方式和共同访问方式。

 思政资源切入点

在计算机操作系统中，操作系统需要通过适当的调度算法来协调不同程序之间对计算机资源的竞争，确保资源的公平使用和系统的高效运行。而在资源的分配和权利的分配过程中，也需要考虑社会公平、公正等方面的问题，遵循规则和制度，以获得更好的社会效益。同时，对于涉及机密信息的共享，也需要考虑信息安全等方面的问题，确保数据的保密性、完整性和可用性。综合来看，计算机资源的共享涉及多个方面的问题，需要考虑全面，遵循科学的规律和道德准则，以获得更好的社会效益。

 **课程思政案例**

案例题目：共享的两种方式

案例内容：

某公司有多个部门，每个部门都有自己的计算机和数据资源，但是部门之间需要进行信息共享和协作。为了实现这一目标，公司引入了操作系统来实现资源的共享和统一管理。

在操作系统中，资源共享有两种方式：互斥共享和共同访问。互斥共享是指同一时间只有一个进程能够访问共享资源，其他进程需要等待；共同访问是指多个进程可以同时访问共享资源，操作系统需要通过协调避免冲突。

例如，公司的员工可以通过登录系统访问不同部门的资源。如果某个部门的数据只能由一个人编辑，那么操作系统会采用互斥共享方式来保证数据的一致性和安全性，每次只允许一个人进行编辑。而如果某个部门的数据需

· 15 ·

要多个人同时访问，那么操作系统会采用共同访问方式来保证数据的实时性和协同效率，每个人都可以同时访问数据。

思政教育价值：

操作系统中的资源共享方式不仅仅是一种技术实现，更是一种社会价值的体现。互斥共享和共同访问方式的选择直接影响了资源的利用效率、安全性和公平性。通过讨论共享的两种方式，可以引导学生思考资源共享与个人私利之间的关系，以及在资源共享过程中需要遵循的道德和法律规范。同时，这也有助于培养学生的团队协作精神和创新思维能力。

1.3.3 虚拟性

 课程知识点内容

在操作系统中，虚拟是指通过某种技术手段把一个物理实体变成多个逻辑上的对应物。物理实体是实际存在的，而逻辑实体是虚的，是用户的一种感觉。

比如，在多道程序设计下的分时系统中，虽然只有一个CPU，但每个用户都认为有一个CPU专门在为其服务。也就是说，利用多道程序设计技术把一个物理上的CPU变成了多个逻辑上的CPU，这些逻辑上的CPU也称为虚处理机。

 思政资源切入点

科技进步的推动作用：虚拟化技术的出现和发展是计算机科技进步的重要体现之一。通过虚拟化技术，可以将一些物理实体变成多个逻辑上的对应物，从而提高计算机的资源利用率和灵活性，同时也方便用户使用。

技术的合理应用：虚拟化技术在操作系统中的应用，实现了多个用户共享计算机资源的功能，可以提高计算机的利用率、降低成本。同时，虚拟化技术也有助于提高系统的可靠性、可扩展性和安全性，可以更好地保障用户的权益。

科技与人文的结合：虚拟化技术虽然是一种技术手段，但其背后也体现了人文关怀。通过虚拟化技术，可以让每个用户都感觉有一台专门的计算机在为自己服务，从而提高用户的使用体验。这也体现了科技与人文的结合，以人为本的科技应用理念。

技术的社会影响：虚拟化技术的出现和发展，对于计算机行业的发展和用户的生活产生了深远的影响。它使计算机的资源利用率提高了，为信息技术的普及和发展提供了更好的条件。同时也带来了新的安全问题和挑战，需要加强管理和监管，保障用户的信息安全。

课程思政案例

案例题目：虚拟技术在计算机操作系统中的应用

案例内容：

在计算机操作系统中，虚拟技术是一种非常重要的技术，它可以将一个物理实体变成多个逻辑上的对应物，使得计算机可以更好地满足用户的需求。其中，最常见的虚拟技术是分时技术，它可以把一个物理上的CPU变成多个逻辑上的CPU，让多个用户共享一个计算机系统。

例如，在一个分时系统中，多个用户可以同时访问一个计算机系统，并以为自己独占计算机的方式进行操作。由于虚拟技术的存在，每个用户都可以认为自己独占了一个计算机系统，而且不会干扰到其他用户的操作，实现了计算机系统的高效利用。

除了分时技术，虚拟技术还有很多其他的应用，例如虚拟内存、虚拟硬盘等等。虚拟内存可以将计算机的物理内存扩充到虚拟内存空间中，使得计算机可以同时运行更多的程序；虚拟硬盘可以将一个物理硬盘变成多个逻辑硬盘，让多个用户同时使用一个硬盘而不互相干扰。

思政教育价值：

虚拟技术的应用，使得计算机系统的利用率得到了极大的提高，同时也让计算机系统的使用更加方便和高效。这种技术的应用，不仅可以让我们更好地理解计算机系统的工作原理，还能够启发我们思考如何更好地利用技术手段来提高社会资源的利用率，促进社会的发展和进步。此外，虚拟技术也提醒我们，在现实生活中，我们也可以通过创新和技术手段，来实现更好的资源共享和利用，达到更高效的社会运转。

1.3.4 不确定性

 课程知识点内容

操作系统运行在不确定的环境中,无法对程序的行为做出判断。多道程序环境下,进程的执行是不可预知的。但操作系统可以很好地控制这种不确定性。一个程序在相同的环境下执行多次,结果相同,但执行时间可能不同,因为操作系统每次处理的状况可能不同。

 思政资源切入点

面对不确定的环境,操作系统需要具备稳定的控制能力。操作系统需要在多道程序环境下实现程序的并发执行和资源的共享,保证系统的可靠性和稳定性。同时,操作系统需要具备自我保护的能力,及时检测和修复系统错误,避免系统崩溃或数据丢失。

操作系统需要保证程序执行结果的可靠性。无论程序执行的时间如何变化,其结果必须保持一致性。这需要操作系统提供一致的环境和资源,确保程序运行的条件和执行的步骤都是确定的。

操作系统需要具备自适应能力。在不确定的环境下,操作系统需要动态调整资源分配和任务调度,以适应不同的运行状态和用户需求。操作系统需要根据系统负载、硬件资源和用户需求等因素调整运行策略,保证系统的性能和效率。

操作系统需要具备开放性和协作性。在不确定的环境下,操作系统需要与外部环境保持开放的联系,接受用户的输入和反馈,与其他系统进行协作和交互。操作系统需要具备灵活的接口和协议,支持不同的应用程序和硬件设备之间的交互和通信。同时,操作系统需要具备开放的精神和合作的态度,与其他系统和社会各方面合作,促进技术的发展和社会的进步。

 课程思政案例

案例题目:操作系统中的不确定性

案例内容：

操作系统运行在一个不确定的环境中，即无法预知当前正在运行的程序的行为，以及操作系统的确切状态。然而，这种不确定性是允许的，并且操作系统能够很好地控制。无论程序执行多少次，其结果是相同的，但是执行时间可能不同，因为操作系统在每次执行时要处理不同的情况。

当学习操作系统时，学生们可能会遇到许多问题，例如，为什么相同的程序在不同时间的执行结果会不同？为什么同一台计算机在不同时间的性能会有所不同？这些问题与操作系统中的不确定性密切相关。

思政教育价值：

这个案例可以引导学生们思考操作系统中的不确定性，以及如何通过操作系统的控制来处理这种不确定性。在学习操作系统时，学生们需要掌握如何应对操作系统中的不确定性，以确保程序的正确性和稳定性。

此外，这个案例也可以引导学生们思考生活中的不确定性。在现实生活中，我们也会面对许多不确定的因素，例如天气、经济环境、健康状况等。学生们可以通过思考操作系统中的不确定性，更好地理解并应对现实生活中的不确定性。

因此，这个案例可以帮助学生们培养对不确定性的敏感性和应对能力，以及学习如何通过控制应对不确定性，有着积极的思政教育价值。

1.4 操作系统的功能

 课程知识点内容

操作系统的宗旨是提高系统资源的利用率和方便用户。为此，它的首要任务就是管理系统中的各种资源，使程序有条不紊地运行。操作系统的功能包括进程管理功能、存储器管理功能、设备管理功能和文件管理功能。此外，为了方便用户使用计算机操作系统还必须向用户提供一个方便的用户接口。

 思政资源切入点

为人民服务：操作系统是为人们使用计算机服务的软件，其宗旨是提高系统资源的利用率和方便用户。这符合社会主义核心价值观中"全心全意为人民服务"的理念，体现了计算机科学技术为人民造福的使命。

管理资源：操作系统的主要任务是管理系统中的各种资源，以提高系统的效率和可靠性。这体现了计算机科学技术在管理资源、提高效率方面的重要作用，也符合社会主义核心价值观中"勤劳、勇敢、诚实、友爱"的精神。

服务于生产和科研：计算机系统在现代生产和科研中扮演着重要角色，操作系统的发展也为生产和科研提供了强有力的支撑。这符合社会主义核心价值观中"创新、协调、绿色、开放、共享"的理念。

知识共享：操作系统的发展离不开开放共享的精神。现代操作系统中的许多功能都是由开源社区共同贡献和完善的。这符合社会主义核心价值观中"开放、共享"的理念，强调知识共享和合作共赢的重要性。

尊重用户权利：操作系统需要向用户提供一个方便的用户接口，尊重用户的权利和需求，提高用户体验。这符合社会主义核心价值观中"人民民主、法治、公正、诚信"的精神。

课程思政案例

案例题目：操作系统的宗旨与社会主义核心价值观

案例背景：

随着计算机科学技术的不断发展，操作系统作为系统软件已成为计算机中不可或缺的一部分。然而，操作系统不仅仅是为了提高系统资源利用率和方便用户使用，更是为了服务人民，促进社会发展。

案例内容：

作为一名计算机专业的学生，我们应该认识到操作系统的重要性，理解其宗旨，把握其与社会主义核心价值观的联系。我们应该在学习操作系统的过程中，不断强化为人民服务的理念，将操作系统技术应用于社会发展。

例如，在社会管理领域，我们可以利用操作系统技术，开发出一些实用的系统软件，如医疗管理系统、物流管理系统等，来提高社会管理的效率和便捷性，为人民服务。在信息化领域，我们可以利用操作系统技术，开发出一些安全可靠的系统软件，如网络安全管理系统、数据备份系统等，来保护国家信息安全和人民的利益。在教育领域，我们可以利用操作系统技术，开发出一些智能化的系统软件，如在线学习系统、智能化考试系统等，来提高教育教学的质量和效果，为人民培养更多的优秀人才。

思政教育价值：

作为计算机专业的学生，我们应该将操作系统技术应用于社会发展，以践行为人民服务的宗旨，为推动社会主义事业的发展做出自己的贡献。

1.4.1 进程管理

 课程知识点内容

进程管理也称处理机管理。计算机系统中最重要的资源是中央处理机，没有它，任何计算都不可能进行。在处理机管理中，为了提高CPU的利用率，操作系统采用了多道程序设计技术。当一个程序因等待某一事件而不能运行下去时，就把处理机的占有权转让给另一个可运行的程序。或者，当出现了一个比当前运行的程序更重要的可运行程序时，后者就能抢占处理机。为了描述多道程序的并发执行，引入了进程的概念，通过进程管理协调多道程序之间的关系，可以解决对处理机的调度分配及回收等问题。

 思政资源切入点

从课程思政角度来看，进程管理在计算机科学技术中的应用是符合社会主义核心价值观的。多道程序设计技术的使用，以及进程管理的实现，可以提高中央处理器的利用率，减少计算机的资源浪费，符合科技创新与可持续发展的要求。同时，进程管理的实现，也反映了计算机科学技术对于人民群众生活、生产和发展的积极作用，符合"全心全意为人民服务"的社会主义核心价值观。

此外，进程管理的实现还涉及计算机系统中资源的公平分配和合理利用，体现了社会主义核心价值观中"公正、公平、公开"的要求。同时，进程管理也涉及系统的安全性和稳定性，符合社会主义核心价值观中"安全、稳定"的要求。

因此，从课程思政角度来看，进程管理作为计算机科学技术中的一个重要应用，符合社会主义核心价值观的要求，对于人民群众的生产和生活具有积极意义。

 **课程思政案例**

案例题目：科技创新与可持续发展

案例内容：

探讨进程管理在计算机科学技术中的应用。

小组讨论活动过程：

（1）介绍进程管理的概念和作用，并引导学生思考进程管理在计算机科学技术中的应用。

（2）小组分组，每个小组选择一个应用场景，例如，操作系统中的进程调度、多媒体应用程序的实现、并行计算等，要求小组成员围绕所选应用场景，讨论进程管理在其中的作用和实现方法。

（3）小组内成员分享彼此的思考和讨论成果，总结各种应用场景下进程管理的重要性和作用，以及如何更好地实现进程管理。

（4）引导学生思考进程管理在计算机科学技术中的价值，如何通过科技创新实现可持续发展，并结合具体案例进行探讨。

（5）总结讨论成果，引导学生对科技创新与可持续发展的认识，提高他们的社会责任感和创新能力。

思政教育价值：

该课程思政案例旨在引导学生深入理解进程管理的应用和意义，从而激发他们对科技创新和可持续发展的兴趣和热情。通过小组讨论和案例分享，学生可以更好地理解进程管理在实际应用中的作用，并了解科技创新如何为社会发展和可持续发展做出贡献。同时，这也可以提高学生的思维能力和创新意识，为其未来的科技创新道路打下基础。

1.4.2 存储管理

 **课程知识点内容**

存储管理要管理的资源是内存储器（简称内存）。它的任务是方便用户

使用内存，提高内存的利用率及从逻辑上扩充内存。

 思政资源切入点

从课程思政角度来看，存储管理涉及资源的管理和利用，符合社会主义核心价值观中"人人为我，我为人人"的互助精神。操作系统通过存储管理，能够帮助用户更好地利用内存，提高内存的利用效率，符合"节约资源，保护环境"的可持续发展理念。此外，存储管理还涉及对计算机资源的保护，以及对数据安全的保障。这也体现了科技创新的社会责任和使命。因此，在教学中，可以通过案例和实例等方式，引导学生探讨计算机技术的社会责任和作用，加强学生的思政教育，培养良好的社会责任意识。

 **课程思政案例**

案例题目：共享内存的实现与社会主义核心价值观的关系

案例内容：

假设你是某软件公司的一名程序员，负责开发一个多线程并发程序，该程序需要多个线程同时访问同一块内存区域。你决定使用共享内存的方式来实现该程序的功能。在实现过程中，你发现共享内存可以让不同线程之间共享数据，提高程序运行的效率和资源利用率。同时，你也深刻认识到，共享内存的实现需要协调不同线程之间的关系，需要避免竞争和冲突的出现。这种协调与合作的精神，体现了社会主义核心价值观中"人人为我，我为人人"的互助精神。

思政教育价值：

通过本案例，可以让学生了解共享内存的概念和实现方式，以及多线程并发程序的设计与开发。同时，通过分析共享内存实现中需要协调不同线程之间的关系，可以引导学生了解协调与合作的重要性，认识到互助精神是社会主义核心价值观中不可或缺的一部分。此外，还可以引导学生探讨计算机科学技术如何与社会主义核心价值观相结合，为人民服务，并为推动国家可持续发展做出贡献。

1.4.3 设备管理

 课程知识点内容

设备管理是操作系统中最庞杂、最琐碎的部分，其原因如下：

（1）设备管理中涉及很多实际物理设备，它们品种繁多、用法各异。

（2）各种外部设备都能与主机并行工作，有些设备还能被多个程序共享。

（3）主机与外部设备的速度极不匹配，相差几个数量级或更多。

 思政资源切入点

设备管理在操作系统中扮演着至关重要的角色，符合社会主义核心价值观中"知行合一、勇攀高峰"的精神。操作系统的设备管理需要处理各种实际物理设备，同时考虑设备的共享和速度不匹配的问题，需要对技术不断进行创新和发展。这体现了计算机科学技术的不断进步和对社会的服务，也彰显了科技创新与可持续发展的要求。

 **课程思政案例**

案例题目： 设备管理与社会主义核心价值观

案例内容：

（1）让学生通过翻转课堂的形式自学设备管理的相关知识，包括设备管理的任务、设备管理的组成部分、设备驱动程序、中断处理程序等。

（2）在课堂上，将学生分成小组，让他们根据自己的理解和思考，展开小组讨论，探讨设备管理在实际应用中的意义和困难。

（3）指导学生分析设备管理的重要性和局限性，引导学生思考如何通过技术创新来解决设备管理的问题。

（4）结合实际案例，让学生了解设备管理在信息化时代的重要性，如何应对不同类型的设备管理挑战，并鼓励他们发挥创新精神，探索更加高效、智能的设备管理方案。

（5）强调设备管理的重要性与社会主义核心价值观的联系，鼓励学生在技术创新中积极发挥自身优势，为建设社会主义现代化强国做出贡献。

思政教育价值：

通过案例的讲解和引导，增强学生的社会责任感和使命感，鼓励他们发挥创新精神，不断提升自身素质，为建设社会主义现代化强国而努力奋斗。

1.4.4 文件管理

 课程知识点内容

程序和数据等信息是以文件的形式存储在计算机中的，所以信息资源管理也称文件管理。文件管理要解决的问题是向用户提供一种简便、统一的存取和管理信息的方法，并同时解决信息的共享、安全保密等问题。

 思政资源切入点

从课程思政的角度，文件管理涉及信息资源的管理和利用，符合"人民至上，生命至上"和"知识改变命运"等社会主义核心价值观。具体来说，文件管理需要考虑如何最大限度地保护用户的隐私信息和保障信息的安全，符合"人民安全至上"的要求；同时，文件管理也需要尊重知识产权和知识共享的精神，鼓励信息的共享和传播，符合"知识改变命运"的要求。

此外，文件管理也需要注重可持续发展和环保意识，减少信息的重复存储和浪费，鼓励信息的再利用和循环利用，符合"绿色、协调、开放、共享、创新"的可持续发展要求。

因此，课程思政中可以引导学生深入思考如何在文件管理中贯彻社会主义核心价值观，并通过案例、讨论、思辨等方式激发学生的创新思维和实践能力。

 **课程思政案例**

案例题目：可持续发展与文件管理

案例内容：

在计算机科学课程中，学生将学习文件管理的基础知识，如文件的创建、复制、移动、删除等操作。但是，这些操作可能会导致信息的重复存储和浪费，不利于环境保护和可持续发展。

为此，教师可以组织学生进行以下活动：

分组讨论： 学生们分成小组，讨论如何减少信息的重复存储和浪费，并在文件管理中加入可持续发展和环保意识。

资源共享： 教师可以提供一些实验数据或样本，鼓励学生进行资源共享和循环利用，例如多个学生共同使用同一份实验数据，减少数据的重复存储和浪费。

实践操作： 学生们进行文件管理实践操作时，教师可以引导他们采用一些环保的文件管理方法，例如使用压缩文件减少存储空间，使用云存储等减少本地存储，以及将不再需要的文件及时删除等。

思政教育价值：

通过此次活动，学生们不仅可以学习文件管理的基础知识，还能够了解可持续发展和环保意识在文件管理中的应用，培养学生的环保意识和可持续发展意识，引导他们在日常生活中注意节约资源、减少浪费、保护环境。此外，通过资源共享和循环利用的实践活动，还能够培养学生的合作意识和创新能力。

1.4.5 操作系统接口

 课程知识点内容

为了方便用户使用操作系统，操作系统向用户提供了用户与操作系统的接口，该接口分为命令接口和程序接口。

 思政资源切入点

操作系统的设计要以人为本，注重用户体验和用户需求的满足，符合"以人民为中心"的社会主义核心价值观。

操作系统向用户提供的接口应该简单易用、功能完备、稳定可靠，符合

1 操作系统引论课程思政教学案例设计

"服务大众、便民利民"的社会主义核心价值观。

命令接口和程序接口的设计需要考虑信息安全、隐私保护等因素，同时避免给用户带来不必要的麻烦和风险，符合"安全、和谐"的社会主义核心价值观。

操作系统接口的发展和改进需要与时俱进，应对新的需求和挑战，符合"创新、协调、绿色、开放、共享"的可持续发展要求。

课程思政案例

案例题目： 操作系统接口的设计与人民群众的利益
案例内容：

通过分析操作系统接口的设计原则、实现方法、应用场景等内容，探讨操作系统如何更好地满足人民群众的需求，如何确保信息安全、隐私保护等方面的问题，并提出相关的思考和建议。

思政教育价值：

引导学生深入了解操作系统的设计和实现，以及与人民群众的利益密切相关的思想和价值观，培养学生的社会责任感、创新精神和可持续发展意识。

1.5 操作系统的类型

1.5.1 批处理操作系统

课程知识点内容

批处理操作系统是一种基本的操作系统类型。在该系统中，用户的作业（包括程序、数据及程序的处理步骤）被成批地输入计算机中，然后在操作系统的控制下，用户的作业自动执行。

思政资源切入点

从科学精神的角度来看，批处理操作系统体现了计算机科学的实用性和

· 27 ·

高效性。它能够帮助人们自动化完成重复性工作，提高计算机的利用率和效率，同时也节省了人力和时间成本。这体现了计算机科学在解决实际问题和提高生产力方面的应用和价值。

从科学思维的角度来看，批处理操作系统要求用户对自己的作业进行精心设计和安排，考虑到程序、数据及处理步骤之间的关系，以及可能出现的错误和异常情况，确保作业能够顺利地在批处理操作系统中运行。这体现了科学思维的逻辑性和系统性，要求人们在解决问题时，需要从整体上考虑，厘清问题之间的关系，同时也要考虑到可能出现的各种情况和变化。

课程思政案例

案例题目：批处理操作系统的应用与价值

案例内容：

以一个生产场景为例，一家制造业公司需要对一批产品进行质检。在传统的生产方式下，工人需要逐一对每个产品进行检测，这不仅费时费力，而且容易出现人为差错。因此，可以使用批处理操作系统，将检测任务作为一个批处理作业，输入到计算机中，操作系统便可在一段时间内自动完成所有的检测工作，大大提高了检测效率，同时也减少了人为差错。

在此案例中，可以引导学生分析批处理操作系统在实际生产中的应用场景和优势，并思考计算机科学在提高生产力和解决实际问题中的应用价值。同时也可以引导学生探究计算机科学中的实用性和高效性，以及如何应用科学精神和科学思维来推动计算机科学的创新和发展。

思政教育价值：

强化学生对计算机科学的实用性和高效性的认识，提高学生的技术创新意识和实践能力。

帮助学生了解计算机科学在解决实际问题和提高生产力方面的应用和价值，促进学生对科学技术的热爱和追求。

培养学生的科学精神和科学思维，引导学生思考如何应用科学方法和工具来推动计算机科学的创新和发展，提高学生的创新能力和竞争力。

1.5.2 分时操作系统

 课程知识点内容

分时操作系统是操作系统的一种类型。它一般采用时间片轮转法，使一台计算机同时为多个终端用户服务。每个用户都能保证足够快的响应时间，并提供交互会话功能。分时操作系统与批处理操作系统的主要差别在于，所有用户都是通过联机终端直接与计算机交互，对自己的程序有一定的控制能力。当今流行的操作系统中（如 OS/2、UNIX、Windows 系列）都使用的是分时技术。

 思政资源切入点

科学的技术应用：分时操作系统是计算机科学在实践中的一种应用，它利用时间片轮转法和联机终端等技术，使多个用户能够同时使用一台计算机，提高了计算机的利用率和效率，同时也增强了用户的体验和交互能力。因此，在学习分时操作系统的过程中，我们应该强调科学技术的应用和推广，激发学生的科学热情和创新精神。

用户体验的重要性：分时操作系统的主要目标是提高用户的体验和交互能力。因此，在设计分时操作系统时，必须充分考虑用户的需求和利益，提供简单易用、稳定安全的界面和服务。在学习分时操作系统的过程中，我们应该引导学生思考如何设计更好的用户体验和界面，以及如何保障用户的权益和利益。

社会意义的体现：分时操作系统的应用不仅提高了计算机的利用率和效率，也使计算机技术更加普及和接近人们的生活。它为现代社会的信息化、数字化和智能化提供了基础和支撑。在学习分时操作系统的过程中，我们应该强调计算机技术在现代社会中的重要性和意义，引导学生认识计算机科学对社会发展的贡献和影响。

课程思政案例

案例题目：分时操作系统的应用及其对科学精神和创新精神的启迪

案例内容：

在学习分时操作系统的过程中，我们应该强调科学技术的应用和推广，激发学生的科学热情和创新精神。

首先，让学生通过分时操作系统的实践应用，了解科学技术在实际生产和工作中的应用和价值。通过让学生亲身体验分时操作系统，了解其基本原理和实现方法，让学生了解计算机科学的实用性和高效性，并引导学生学会运用科学技术去解决实际问题。

其次，通过分时操作系统的学习，激发学生的创新精神。引导学生探索和思考如何优化分时操作系统的性能和功能，如何让分时操作系统更加智能化和便捷化，从而为人类社会的发展做出更大的贡献。同时也要教育学生需遵守学术规范和道德规范，以创新精神和道德修养为基础去推动科学技术的进步和发展。

思政教育价值：

通过分时操作系统的学习和实践，可以激发学生的科学热情和创新精神，引导他们学会用科学技术去解决实际问题，从而为人类社会的发展做出更大的贡献。同时也可以培养学生的道德修养和学术规范意识，让他们在科学研究和实践中保持良好的道德品质和学术态度。

1.5.3 实时操作系统

 课程知识点内容

实时操作系统是操作系统的又一种类型。对外部输入的信息，实时操作系统能够在规定的时间内处理完毕并做出反应。"实时"的含义是指计算机对于外来信息能够及时处理，并在被控对象允许的范围内做出快速反应。实时操作系统对响应时间的要求比分时操作系统更高，一般要求秒级、毫秒级甚至微秒级。

思政资源切入点

实时操作系统是一种具有高实用性和实时性的操作系统，它在现代社会中的应用越来越广泛。学习实时操作系统可以帮助学生了解科技的最新发展，并提高学生解决实际问题的能力和创新思维。在学习实时操作系统的过程中，我们应该注重培养学生的责任感和安全意识，因为实时操作系统通常用于控制和监控系统，一旦出现故障，可能会对人类的生命和财产造成严重威胁。同时，我们也应该加强对伦理和社会责任的思考，引导学生将技术发展与社会发展相结合，推动科技进步为社会进步服务。

课程思政案例

案例题目：实时操作系统的应用与责任

案例内容：

某高校计算机科学与技术专业开设了实时操作系统的课程。在教学过程中，教师除了传授实时操作系统的原理和应用，还注重培养学生的责任感和安全意识。为此，教师设计了以下教学活动：

（1）实时操作系统案例分析：教师引导学生分析实时操作系统在控制和监控系统中的应用案例，分析出实时操作系统的优点和缺点，以及故障可能造成的后果。

（2）安全意识培养：教师通过讲解安全意识的重要性，介绍实时操作系统在安全方面的应用案例，引导学生重视实时操作系统在安全保障方面的作用，培养学生的安全意识。

（3）实验操作与演练：教师安排学生进行实验操作，让学生亲身体验实时操作系统的应用和安全漏洞。在此基础上，教师安排学生演练实时操作系统在控制和监控系统中的应用，让学生了解实时操作系统在实际应用中的场景。

思政教育价值：

通过这样的教学活动，学生能够更深入地了解实时操作系统的应用和特点，同时也增强了学生的责任感和安全意识。在学习实时操作系统的过程中，学生不仅仅是为了提高技术能力，更是为了承担起社会责任，提高安全保障水平，为社会发展做出贡献。这种责任感和安全意识的培养，符合社会主义核心价值观的要求，也是科学家和技术人才应该具备的品质和素质。

1.5.4 微机操作系统

课程知识点内容

大规模集成电路的应用促进了微机的产生，配置在微机上的操作系统称为微机操作系统。按微机的内部地址长度，微机操作系统可分为8位、16位和32位。

微机操作系统中有单任务的，也有多任务的；有单用户的，也有多用户的。单任务操作系统就是只允许用户执行一个单一的任务（做一件事情）；多任务操作系统可以支持用户同时执行多个任务（做多件事情）。单用户操作系统是指在一台计算机上只能有一个终端用户；多用户的操作系统支持多个终端用户同时使用一台计算机。

思政资源切入点

在学习微机操作系统的过程中，应该强调计算机科学的发展历程和技术创新对社会进步的重要作用。同时，也应该关注计算机科学的伦理和社会责任，比如在设计操作系统时要考虑用户体验、隐私保护和安全性等问题，尤其是多用户操作系统需要重视用户之间的公平性和资源分配问题。此外，也可以引导学生思考计算机科学与其他学科的交叉融合和应用，比如微机操作系统在医疗、工业自动化、军事等领域的广泛应用，以及可以带来的经济和社会效益。

课程思政案例

案例题目：多用户操作系统中的公平性和资源分配问题
案例内容：
在学习多用户操作系统的过程中，引导学生思考操作系统设计中的伦理和社会责任问题。引导学生讨论多用户操作系统中的公平性和资源分配问题，例如，如果有多个用户同时请求计算机资源，操作系统应该如何分配资源，以保证用户之间的公平性和资源的高效利用。通过实际案例和讨论，让学生了解计算机科学对社会的影响，并培养学生的责任感和社会责任意识。

思政教育价值：

通过讨论多用户操作系统中的公平性和资源分配问题，可以引导学生思考操作系统设计的伦理和社会责任问题，增强学生的社会责任意识和创新能力。同时，也有助于提高学生的技术能力和应用能力，培养学生的团队合作和沟通能力。

1.5.5 多处理机操作系统

课程知识点内容

多处理机系统中的操作系统分为两种模式：非对称多处理机模式（Asymmetric Multiprocessing Model）和对称多处理机模式（Symmetric Multi-processing Model）。在非对称多处理机模式中，系统有一个主处理机和多个从处理机，主处理机负责资源管理和任务分配，而从处理机执行预定的任务和由主处理机分配的任务。这种模式易于实现但资源利用率较低。在对称多处理机模式中，所有处理机都是相同的，每个处理机上都有一个操作系统，操作系统管理本地资源、控制进程运行和处理机之间的通信。这种模式允许多个进程同时运行，但需要小心控制输入输出和处理机的负载平衡。

思政资源切入点

在学习多处理机操作系统的过程中，我们应该注重学生的合作精神和平等意识。多处理机操作系统需要不同处理机之间协作完成任务，因此需要学生掌握良好的团队合作精神，能够与他人进行沟通协作，分工合作，实现共同目标。同时，对于对称多处理机模式，我们应该强调平等意识，要求学生认识到处理机没有优劣之分，需要合理分配任务和资源，保证各个处理机的负载平衡，同时也需要考虑数据的输入输出，避免出现数据混乱等问题。这样才能培养学生的社会责任感和团队合作精神。

课程思政案例

案例题目：多处理机操作系统中的团队合作与平等意识

案例内容：

培养学生的团队合作精神和平等意识，了解多处理机操作系统的工作原理和应用。

案例活动设计：

（1）学生分成小组，每个小组模拟多处理机系统中的处理器，在规定的时间内完成指定的任务。

（2）小组内部分配任务，讨论并制订合适的分工方案，各自承担相应的任务。

（3）小组之间相互交流协作，分享资源和经验，互相支持完成任务。

（4）在完成任务的过程中，学生需要关注处理器之间的负载平衡，避免某些处理器超负荷工作，而其他处理器闲置。

（5）在活动结束后，引导学生分享合作的体验，反思自己在团队合作中的角色和贡献，了解多处理机操作系统的应用和工作原理。

思政教育价值：

通过讨论和总结，引导学生认识到平等意识的重要性，强调合作精神和互助精神的重要性，培养团队意识和责任意识。引导学生思考，如何在未来的学习和工作中，更好地发挥团队合作的优势，实现个人和团队的共同发展。

1.5.6 网络操作系统

课程知识点内容

网络操作系统两种模式缩写：

（1）客户端/服务器模式：C/S 模式。

（2）对等模式：P2P 模式。

思政资源切入点

针对客户端/服务器模式，课程思政内容可以关注以下几个方面：

（1）关注网络安全和隐私保护：作为服务器的计算机需要具备较高的安全性和稳定性，以保障客户端的数据安全和服务的可靠性。同时，作为客户端的计算机需要具备防病毒、防入侵等安全功能，保护自身的数据和隐私不被泄露或攻击。

（2）强调信息共享和协作：客户端/服务器模式通过网络连接各个节点，实现信息的共享和协作。在课程中可以强调信息共享的重要性，鼓励学生学会与他人分享和合作，养成开放和包容的态度，同时注意知识产权和信息安全。

（3）引导学生关注资源利用和公平分配：在客户端/服务器模式中，服务器扮演着集中控制和分配资源的角色，为了保证公平性和资源的有效利用，需要进行合理的分配和调度。在课程中可以引导学生思考如何在资源分配和调度中兼顾效率和公平性，关注资源的可持续利用。

对于对等模式，课程思政内容可以关注以下几个方面：

（1）强调网络自由和平等：对等模式下，各个节点在网络中的地位和功能是相同的，没有集中的服务处理和控制中心。这种去中心化的网络结构符合网络自由和平等的理念，可以引导学生思考网络的发展趋势和方向。

（2）关注去中心化的协作和创新：对等模式下，每个节点都可以作为客户端和服务器，向其他节点提供服务和获取服务，这种去中心化的协作方式可以促进信息的交流和创新。在课程中可以引导学生学会团队协作和信息共享，培养创新意识和实践能力。

（3）强调网络安全和信任机制：对等模式下，节点之间的信任机制和安全机制至关重要，需要确保信息的安全性和可靠性。在课程中可以引导学生学习网络安全的基本知识和技能，了解常见的网络攻击和防范措施，同时也需要关注数据隐私和知识产权的保护。

课程思政案例

案例题目：网络安全意识的培养

案例内容：

教师注重引导学生了解服务器和客户端的安全性要求，以及防范网络攻击和保护隐私的基本方法。具体教学内容包括：

(1) 服务器的安全性和稳定性要求：讲解服务器作为网络服务的中心，需要具备防止黑客攻击、病毒感染和数据泄露等安全措施。同时，服务器应当保证服务的可靠性，如备份、容错等措施。

(2) 客户端的安全意识：讲解客户端需要具备防病毒、防入侵等安全意识，如安装杀毒软件、定期更新系统和软件补丁、保护个人隐私等。

(3) 网络攻击的防范：讲解网络攻击的种类和防范措施，如防火墙、加密传输等。

(4) 个人信息的保护：讲解保护个人信息的重要性和方法，如不泄露个人信息、加强账号密码保护、不随意下载不明来源软件等。

思政教育价值：

通过本课程的教学，学生将了解服务器和客户端的安全性要求，掌握防范网络攻击和保护隐私的基本方法，提高网络安全意识，增强个人信息保护的能力。同时，通过掌握计算机网络的基本安全知识，学生将树立正确的网络安全观念，遵守法律法规，建立正确的网络道德意识，成为具有社会责任感的计算机专业人才。

1.5.7 分布式操作系统

课程知识点内容

一个分布式操作系统是由若干个计算机经互联网连接而形成的系统，这些计算机都有自己的局部存储器和输入输出设备，它们既可以独立工作，即有高度的自治性，又相互协同合作，能在系统范围内实现资源管理、动态分配任务及并行运行分布式程序。

思政资源切入点

合作与自治的平衡：分布式操作系统的设计需要兼顾不同计算机的自治性和合作性，引导学生了解合作与自治的平衡对于系统的稳定性和效率的重要性，并强调在团队合作和组织管理中也需要兼顾个人自治和团队协作。

资源管理和公平性：分布式操作系统需要合理地管理和分配各个计算机的资源，引导学生了解资源管理的公平性和高效性对于系统的稳定性和可靠性的重要性，并强调在社会资源的分配和利用中也需要遵循公平、公正、高效的原则。

分布式程序设计的原则和规范：引导学生了解分布式程序设计的原则和规范，包括任务分配和协作的方式、通信协议和数据交换格式的制定等，同时也需强调在程序开发和使用中要遵循知识产权保护和安全保障等道德和法律规范。

分布式系统的安全性和可靠性：引导学生了解分布式系统的安全性和可靠性对于信息安全和网络安全的重要性，并介绍网络攻击和恶意软件的类型和防范措施，强调在使用计算机和网络时要注意安全防范和个人隐私保护。

课程思政案例

案例题目：分布式操作系统中的合作与自治

案例内容：

（1）请学生自学分布式操作系统的概念和基本原理，包括如何通过互联网连接多台计算机、如何实现资源管理和任务分配等。

（2）在课堂上，教师以小组为单位，让学生进行讨论并分享各自的理解和感受，让学生在小组内充分表达自己的观点，理解合作和自治的平衡对于系统的稳定性和效率的重要性。

（3）通过实际案例，让学生感受到团队合作的重要性，如分工协作、有效沟通、共同解决问题等，同时也要充分发挥个人的自治能力，做到自我管理、自我激励、自我提高。

（4）强调在团队合作和组织管理中需要兼顾个人自治和团队协作，鼓励学生在实际中探索如何平衡个人和集体的利益，做到既有个人价值的实现，也有团队目标的达成。

思政教育价值：

通过本案例，可以引导学生深入了解分布式操作系统的概念和基本原理，了解合作与自治的平衡对于系统的稳定性和效率的重要性，同时也能够让学生在小组讨论中充分表达自己的观点和听取他人的见解，提高了学生的沟通和表达能力。在实践中，能够让学生感受到团队合作的重要性，锻炼学生分工协作、共同解决问题的能力，同时也能够让学生充分发挥个人的自治能力，提高自我管理、自我激励、自我提高的能力。最终，通过鼓励学生在团队合作和组织管理中探索如何平衡个人和集体的利益，实现既有个人价值的实现，也有团队目标的达成，提高学生的责任心和团队合作意识。

2 进程与线程课程思政教学案例设计

2.1 进程的引入

2.1.1 单道程序的顺序执行

课程知识点内容

程序可以顺序执行。在单道程序工作的环境中,"程序"可以理解为"一个在时间上按严格次序先后操作的序列"。这是因为可以把一个复杂的程序划分成若干个时间上完全有序的逻辑操作段,其操作必须按照先后次序来执行,每一时刻最多执行一个操作,以保证某些操作的结果可为其他一些操作使用。

思政资源切入点

引导学生了解程序设计中的逻辑思维和系统化思维,强调程序的顺序执行对于程序正确性和稳定性的重要性。同时也可以借此引发学生对于时间和空间的认识,以及明确人类社会中管理和规划时间和空间的重要性。通过思政教育,学生可以认识到,纪律和规矩的执行对于个人和团队的成功至关重要,同时也需要兼顾时间和空间的管理,以实现高效的工作和生活。

课程思政案例

案例题目:程序的顺序执行与思维训练

案例内容：

为了实现一款游戏的计分功能，小明设计了一个简单的程序。该程序需要先读取用户输入的游戏得分，然后计算出总得分并输出到屏幕上。小明通过分析游戏得分的计算方法，设计出以下程序：

（1）读取用户输入的得分。

（2）将得分转化为数字类型。

（3）累加得分到总分中。

（4）输出总分到屏幕上。

小明以为程序没有问题，但是在测试过程中发现程序总是输出错误的结果。经过检查，他发现是程序在执行时顺序出现了错误，导致了计算结果的不正确。他重新思考了程序的设计，并通过调整程序的顺序最终成功解决了问题。

思政教育价值：

该案例可以引导学生了解程序设计中的逻辑思维和系统化思维，强调程序的顺序执行对于程序正确性和稳定性的重要性。同时，该案例也可以启示学生通过调整思维和方法培养自身的创新精神和解决问题的能力，同时也可以强调在实际工作和生活中遇到问题时需要耐心调查、分析和解决问题的态度。

2.1.2 多道程序的并发执行

课程知识点内容

程序能够并发执行。为了提高计算机内各种资源的利用率，提高计算机系统的处理能力，并发处理技术得到广泛的应用。在大多数计算问题中，仅要求部分操作是有序的。也就是说，有些操作必须在其他操作之后完成，有些操作却可以并发执行。

思政资源切入点

引导学生了解并发处理技术的重要性和应用场景，理解并发执行对于计算机系统处理能力和资源利用率提高的作用，强调在程序设计中需要充分考虑并发执行的方式和机制，同时也要注意并发执行可能带来的竞争和冲突问题，需要进行合理的协调和管理。教育学生在工作和生活中也需要具备并发处理的能力，即能够高效地处理多个任务和事件，提高工作效率和生活质量。

课程思政案例

案例题目：并发处理的重要性及其在工作生活中的应用

案例内容：

以现代工作和生活中的多任务处理为例，引导学生了解并发处理的重要性及其在提高工作效率和生活质量方面的应用。

小明是一名忙碌的上班族，每天需要处理许多任务和事件，包括工作任务、个人事务、休闲娱乐等。他发现自己常常会被各种事情耽搁，无法高效地完成任务，内心感到很焦虑和有压力。

通过学习并发处理的相关知识，小明了解到并发处理可以帮助他高效地处理多个任务和事件。他开始采取一些方法来实现多任务处理，例如制订详细的工作计划，根据任务的优先级和紧急程度进行排序，以及学会并行处理多个任务，等等。

经过实践，小明发现他的工作效率有了明显的提升，能够更加轻松地应对多个任务和事件，同时还有更多的时间去做自己喜欢的事情。

通过实例分析和案例研讨，让学生掌握并发处理的基本概念和原则，了解多任务处理的优化策略和应用工具，掌握合理分配和安排时间的方法，以提高自身的并发处理能力。

思政教育价值：

通过本案例，可以让学生认识到并发处理在现代社会中的重要性，并了解并发处理的基本概念和原则，有利于提高学生的工作效率和生活质量。同时，本案例还可以培养学生分析和解决问题的能力，以及时间管理和任务分配的能力，有助于促进学生综合素质提升。

2.1.3 程序并发执行的条件

课程知识点内容

程序并发执行时，虽然能有效提高系统资源的利用率，但必须采取某种有效的措施，以使并发程序能保持其"可再现性"。程序的并发执行是有条件的，不是说所有程序都可以并发执行，下面介绍程序并发执行的条件。1966 年，Bernstein 提出了程序并发执行的条件，称为 Bernstein 条件。

思政资源切入点

在计算机领域，虽然程序并发执行能够提高系统资源的利用率，但必须采取相应措施以保证程序的正确性和稳定性。教育学生需要掌握程序并发执行的条件，了解 Bernstein 条件，以此来指导并发程序的设计和开发。同时，这也需要学生具备正确的编程思想和良好的团队协作精神，注重资源共享和互斥控制，从而提高程序的可靠性和效率。

课程思政案例

案例题目：并发程序的可靠性和效率

案例内容：

设计一个小组讨论，讨论如何提高并发程序的可靠性和效率。讨论的重点可以包括以下几个方面：

（1）了解并发程序的 Bernstein 条件，并掌握其基本概念。

（2）学习如何实现资源的共享和互斥控制，掌握信号量、互斥锁等相关技术。

（3）掌握线程的概念和使用方法，了解多线程编程的优缺点。

（4）学习如何设计并发程序的算法和数据结构，以保证程序的正确性和稳定性。

（5）强调团队协作精神，鼓励学生之间相互交流和合作，以提高程序的质量和效率。

思政教育价值：

通过这个案例，可以让学生了解并发程序的基本特点和实现方法，掌握资源共享和互斥控制的技术，培养正确的编程思想和团队协作精神，从而提高程序的可靠性和效率。同时，还可以引导学生关注计算机系统中的伦理和社会问题，如信息安全、隐私保护等，培养社会责任和职业道德。

2.1.4 进程的概念

课程知识点内容

进程（Process）可以定义为"并发执行的程序在一个数据集合上的执行过程。"

思政资源切入点

强调进程是现代操作系统中的核心概念，是计算机资源管理的基本单位。作为计算机科学与技术领域的学习者，需要深入理解进程的概念，掌握进程的基本原理和实现机制。

探讨进程的概念与思想在实际应用中的重要性。进程是计算机系统中最基本的资源调度单位，可以并发执行多个程序，提高计算机系统的吞吐量和效率。了解进程的概念与思想，有助于学生在实际工作中更好地理解和利用计算机资源。

强调进程的概念与实践中的社会责任和价值。随着信息技术的发展和应用，进程概念与思想已经深入各行各业。了解进程的概念与思想，可以使学生更好地理解信息技术对现代社会和经济的重要作用，提高对社会责任的认识。

课程思政案例

案例题目：进程的重要性与基本概念

案例内容：

在课堂上，先引导学生回顾计算机操作系统的发展历程，了解进程的概念是如何在操作系统中逐步发展和完善的。然后，介绍进程的概念，即"并发执行的程序在一个数据集合上的执行过程"，并讲解进程的基本特征和原理，如进程的状态、控制块、进程通信和同步机制等。

接下来，设计一个课堂问答环节，引导学生探讨进程在操作系统中的重要性。学生可以开放性地提问和回答，有关进程与多任务操作、资源共享和优先级调度等方面的关系，以及进程在提高计算机系统性能和安全性方面的作用。

最后，针对进程的实现机制，引导学生思考如何正确地编写并发程序，如何避免进程之间的互斥和死锁等问题，并强调学生应该具备正确的编程思想和良好的团队协作精神，以确保进程能够正确、高效地运行。

思政教育价值：

通过本课程，学生将了解到进程作为操作系统中的核心概念，是计算机资源管理的基本单位，具有重要的实际应用价值。同时，学生也将认识到并发程序设计的重要性和挑战性，以及需要遵循的正确编程思想和团队协作精神。通过这样的思政教育，可以帮助学生树立正确的科学技术价值观，提高创新意识和实践能力，为未来的学习和工作奠定坚实基础。

2.2 进程的状态及组成

2.2.1 进程的基本状态

课程知识点内容

进程有着"走走停停"的活动规律，为了更好地描述这一活动规律，人们给进程定义了3种基本状态，即运行状态、就绪状态和阻塞状态。进程的状态随着其自身的推进和外界的变化，由一种状态变迁到另一种状态。

思政资源切入点

以上内容涉及操作系统中进程的基本概念和状态，学生需要理解进程在操作系统中的运行规律和状态变化，掌握进程的3种基本状态及其状态转换过程，以便更好地理解进程调度和管理等概念和技术。同时，学生还需要注重培养自己的观察能力和分析能力，学会通过观察和分析进程状态来判断和解决系统中出现的问题，提高自己的问题解决能力。

2 进程与线程课程思政教学案例设计

📋 课程思政案例

案例题目：掌握进程状态转换的意义

案例内容：

假设你所在的班级需要进行一次集体出游，组织者需要制订出游计划并安排每个同学的任务，比如谁负责准备食材、谁负责租车等。在这个过程中，每个同学都可以看作一个进程，而组织者则可以看作操作系统，负责调度和管理各个进程。为了更好地完成任务，组织者需要掌握每个同学的状态变化情况，比如有哪些同学已经准备好了，哪些同学还在等待别人的工作完成等。这样，组织者才能做出更好的调度和管理决策，使整个出游计划更加高效和顺利。

思政教育价值：

通过上述案例，可以引导学生思考进程状态转换的意义。进程状态转换类似于班级集体出游的调度和管理，都需要组织者了解每个同学（进程）的状态变化情况，才能做出更好的决策。学生可以通过这个案例，深刻理解进程状态转换的意义和作用，同时也能锻炼自己的团队协作能力和责任心。在实际编程中，这种团队协作和责任心也是非常重要的，因为只有团队协作和个人责任心齐发力，才能更好地完成项目任务。

2.2.2 进程的挂起状态

✒️ 课程知识点内容

在不同的操作系统中，进程所处的状态个数是不同的。其中有不少系统的进程有如上 3 种或 5 种状态，但在另一些操作系统中，根据需要又增加了挂起状态。

🪶 思政资源切入点

以上内容涉及操作系统中进程状态的不同种类，以及不同操作系统对进程状态管理的实现方式。学生需要认识到操作系统是计算机系统中的关键组成部分，对计算机资源进行管理和分配，而进程作为操作系统中的基本单位，其状态的变化与操作系统的功能密切相关。同时，学生还需要注重发展创新思维和解决问题的能力，因为在实际应用中，不同的操作系统可能会采取不同的进程状态管理策略来提高系统的效率和可靠性。因此，为了更好地了解和掌握操作系统中的进程状态管理，学生需要不断深化对操作系统的认识，增强创新思维和解决问题的能力。

课程思政案例

案例题目：探究操作系统中的进程状态管理
案例内容：

通过比较不同操作系统中进程状态管理的实现方式，分析不同系统对进程状态的处理和转换，并探讨不同管理策略对系统性能的影响。同时，引导学生思考如何通过创新思维来提高进程状态管理的效率和可靠性，如采用异步执行、多线程等技术手段。

思政教育价值：

通过本案例的学习，学生不仅可以深入理解操作系统中进程状态管理的原理和实现方式，还可以培养创新思维和解决问题的能力，从而更好地适应计算机科学与技术领域的发展和变化，为社会和人民做出更大的贡献。

2.2.3 进程控制块

课程知识点内容

进程控制块是进程实体的一部分，它是操作系统中最重要的数据结构。进程控制块记录了操作系统所需的用于描述进程情况及控制进程运行的全部信息。

思政资源切入点

以上内容涉及操作系统中进程控制块的作用和重要性。学生需要深刻理解进程控制块是进程实体的一部分，其记录了操作系统所需的用于描述进程情况及控制进程运行的全部信息，是操作系统管理进程的重要工具。同时，学生还需要注重提高代码编写能力和信息安全意识，因为进程控制块中包含了许多关键信息，需要严格控制其访问权限，防止出现信息泄露等安全问题。

课程思政案例

案例题目：进程控制块的作用与信息安全

案例内容：

在计算机操作系统课程中，学生需要深入学习进程控制块的概念和作用，并了解其中包含的关键信息。同时，针对进程控制块中信息安全问题，教师可以设计相关实验，要求学生编写程序，模拟进程控制块的读取和修改过程，并掌握如何严格控制进程控制块的访问权限。另外，教师还可以引导学生了解进程控制块在操作系统中的具体运用，如进程调度、进程间通信等。

思政教育价值：

通过学习进程控制块的作用与信息安全，学生可以提高对操作系统管理进程的理解，同时也能够加强信息安全意识。在实验过程中，学生需要注意程序的编写规范和代码注释，注重团队协作，提高代码编写能力和团队合作能力。此外，通过了解进程控制块在操作系统中的具体运用，学生还能够拓展对计算机科学和技术领域的认识，加深对其应用和发展的理解。

2.3 进程控制

2.3.1 操作系统内核

课程知识点内容

核心态又称系统态，具有较高的特权，能执行一切指令，能访问所有寄存器及内存的所有区域。操作系统内核通常运行在系统态。

用户态是具有较低特权的执行状态。在这种状态下，只能执行规定的指令、访问指定的寄存器和内存的指定区域。通常用户的程序在用户态下运行，因此用户程序不能访问操作系统的区域，从而也就防止了用户程序对操作系统的破坏。

思政资源切入点

从课程思政角度来看，核心态和用户态的区分不仅仅是一种技术问题，还具有重要的社会意义。在计算机系统中，操作系统担负着管理和调度计算机资源的重要任务。如果没有核心态和用户态的区分，那么用户程序就可以随意地访问和操作系统资源，导致系统稳定性和安全性受到威胁。因此，核心态和用户态的存在不仅仅是为了实现技术上的限制，也是为了保障整个系统的稳定和安全运行。

在实际生活中，我们也可以看到类似的例子。例如，国家法律规定的各种管理和限制措施，就可以看作一种"核心态"和"用户态"的区分。政府拥有更高的特权，可以采取一些限制措施来维护社会的稳定和安全。而普通民众只能在规定的范围内行使自己的权利和自由，不能随意妨碍社会秩序和公共利益。这种区分不仅能够保障社会的稳定和安全，也有利于各种社会资源的合理分配和利用。

因此，在计算机科学教育中，我们不仅要传授技术知识，更要强调技术与社会的联系，引导学生思考计算机科学与社会的关系，使他们更好地理解计算机技术的应用和影响。

课程思政案例

案例题目：核心态和用户态的安全性保障

案例内容：

最近，某互联网公司的一名工程师趁着系统更新时，利用特权访问的漏洞，将一些用户信息非法窃取，并出售给了黑客。这一行为不仅侵犯了用户隐私，也给公司带来了巨大的损失。公司经过调查发现，该工程师利用了核心态的权限，窃取了用户数据。

针对这一事件，公司决定开展一次关于核心态和用户态安全性的教育活动。在活动中，公司的技术专家会向员工们介绍核心态和用户态的概念，以及它们对系统安全的重要性，同时也会介绍相关的安全机制和措施，如安全沙箱、访问控制等。

思政教育价值：

（1）强化了学生对系统安全的意识，提高了对安全漏洞的警惕性和防范能力。

（2）引导学生正确处理计算机事务中的特权访问和权限管理，增强了学生的责任意识和道德水平。

（3）通过案例的形式，让学生深刻认识到保障系统安全的重要性，从而促进其在工作中遵守公司的安全规定和流程，加强团队的安全文化建设。

2.3.2 进程的创建与撤销

课程知识点内容

引起创建进程的事件：
（1）用户登录。
（2）新作业进入系统。
（3）提供服务。
（4）应用请求。

创建原语要做的工作：
（1）申请空白 PCB。
（2）初始化进程描述信息。
（3）为进程分配资源、分配存储空间。
（4）将新进程插入就绪队列。

思政资源切入点

以上内容可以引发课程思政中的责任感和创新精神。在进程的创建过程中，操作系统需要为进程分配资源和存储空间，确保其正常运行。这体现了操作系统设计者和程序员对于系统的责任感和对用户的责任。同时，为了提高系统的性能和效率，需要不断地进行创新，例如优化进程的创建过程，提高进程创建的速度和效率。这也体现了创新精神和追求卓越的精神。在课程教学中，可以引导学生在学习技术的同时，注重责任和创新，培养全面发展的人才。

课程思政案例

案例题目：进程创建中的责任感和创新精神

案例内容：

某公司的操作系统开发团队正在开发一个新的操作系统。在操作系统的开发过程中，进程的创建是一个非常重要的功能，需要确保新进程的正常运行并提高系统的性能和效率。团队成员在讨论如何优化进程创建过程中，不仅关注技术细节，还特别强调了对用户和系统的责任感和创新精神。他们认为，只有对用户和系统有责任感，才能够更好地保证系统的稳定和安全；只有具备创新精神，才能够不断地优化和改进系统的性能和效率。

思政教育价值：

这个案例体现了责任感和创新精神在技术开发中的重要性。在课程教学中，可以通过类似的案例，引导学生在学习技术的同时，注重责任和创新。例如，在教授编程技术时，可以引导学生关注代码的规范性和安全性，注重对用户和系统的责任；同时，可以鼓励学生参与开源社区或其他项目，锻炼创新精神和解决实际问题的能力。通过这样的教育，可以培养具有全面发展和创新精神的技术人才。

2.3.3 进程的阻塞与唤醒

课程知识点内容

进程在执行过程中，常常会因为等待I/O操作完成或等待某个事件出现而进入阻塞状态。当处于阻塞状态的进程所等待的操作完成或事件出现时，进程将会从阻塞状态唤醒而进入就绪状态。

思政资源切入点

以上内容涉及进程的状态转换和进程调度，同时也反映了系统的资源管理和调度的重要性。阻塞状态的进程需要等待一定时间才能继续执行，这也引发了对时间和效率的思考，要如何优化进程的执行，如何合理地利用系统资源，以提高系统的效率和性能。在课程思政教育中，可以引导学生思考如何在编写程序时合理地利用进程状态转换和调度，以提高程序的效率，同时也关注系统资源的合理管理和利用，以追求高效和可持续发展。

课程思政案例

案例题目：如何合理利用进程状态转换和调度，提高程序效率？

案例内容：

假设你是一名软件工程师，正在开发一个需要高效处理大量数据的程序。程序中需要对大量数据进行处理，而这个处理过程需要等待一定的时间。为了提高程序的效率，应在程序中合理地利用进程状态转换和调度。请你讨论以下问题：

（1）进程状态转换和调度在程序中的作用是什么？如何利用进程状态转换和调度来提高程序的效率？

（2）如何合理地分配和利用系统资源，以避免出现阻塞状态？

（3）在程序设计过程中，如何考虑并发性和并行性的问题？

思政教育价值：

通过本案例，学生可以了解并掌握进程状态转换和调度的基本概念和原理，以及如何在程序设计中合理地利用它们来提高程序的效率。同时，学生也可以思考如何合理分配和利用系统资源，以提高系统的效率和可持续发展。此外，学生还可以了解并发性和并行性的概念及其在程序设计中的应用，从而培养创新意识和解决实际问题的能力。

2.3.4 进程的挂起与激活

课程知识点内容

进程的挂起主要是将进程从内存移出。当出现挂起事件时，进程可以将自己挂起或由父进程将其某个子进程挂起。相反，当内存有足够的空间时，将处于挂起状态的进程从外存调回内存，激活进程。

思政资源切入点

以上内容的课程思政内容主要涉及责任感和创新精神。

责任感体现在操作系统设计者和程序员需要对进程进行合理的挂起和调度，确保系统的稳定性和安全性。同时，挂起和调度的过程也需要考虑进程间的公平性和优先级等因素，体现了程序员对用户的责任和关注。

创新精神体现在进程的挂起和调度算法的不断改进和优化，以提高系统的性能和效率。例如，可以设计更加智能化的挂起和调度算法，根据进程的特点和需求，实现更加个性化的调度方案。这也体现了程序员追求卓越和创新的精神。

课程思政案例

案例题目：进程挂起与责任感

案例内容：

请就进程挂起与调度，组织小组讨论，讨论以下问题：

（1）操作系统中进程挂起的作用是什么？为什么会出现进程挂起的情况？

（2）进程挂起的过程需要考虑哪些因素？如何保证进程的公平性和优先级？

（3）操作系统中进程调度的算法有哪些？如何进行优化和改进？

（4）在进程挂起和调度过程中，程序员应当承担哪些责任？如何保证用户的权益和系统的稳定性？

思政教育价值：

通过讨论进程挂起和调度的问题，引导学生思考责任感和创新精神在操作系统设计和程序开发中的重要性。同时，通过学习操作系统的挂起和调度机制，培养学生的系统思维和分析问题的能力，提高学生的实践能力和创新能力。

2.4 线程

2.4.1 线程的概念

课程知识点内容

线程是进程的一个实体，是被独立调度和分派的基本单位，表示进程中的一个控制点，执行一系列指令。由于同一进程内的多个线程都可以访问进程的所有资源，因此线程之间的通信要比进程之间的通信方便得多；同一进程内的线程切换也因为线程的轻装而方便得多。

思政资源切入点

以上内容的课程思政内容主要涉及合作意识、协作精神及创新精神等方面。在多线程编程中，多个线程共享进程的资源，因此需要保持良好的合作意识和协作精神，以避免资源竞争和冲突等问题。同时，为了提高多线程编程的效率和性能，需要不断进行创新，例如，采用多线程技术实现并行计算、优化线程切换等。

课程思政案例

案例题目：多线程编程中的合作与创新

案例内容：

假设你是一个软件工程师，负责开发一个需要高效处理大量数据的程序。为了提高程序的性能，你考虑采用多线程技术实现并行计算。在实现过程中，你发现多个线程可能会同时访问同一块内存区域，因此需要采取一些措施以避免资源竞争和冲突。同时，为了进一步提高程序的效率，你还尝试优化线程的调度和切换，以避免不必要的开销和延迟。

思政教育价值：

通过本案例，可以培养学生的合作意识和协作精神，让他们意识到在多线程编程中，良好的团队合作和协调非常重要。同时，本案例还可以培养学生的创新精神和创造力，让他们了解如何通过优化线程调度和切换等技术手段，提高程序的效率和性能。这些都是现代软件工程师必备的素质和能力，也是培养创新型人才的重要途径。

2.4.2 线程与进程的比较

课程知识点内容

线程和进程是两个密切相关的概念，一个进程至少拥有一个线程（该线程为主线程），进程根据需要可以创建若干个线程。

思政资源切入点

从课程思政的角度来看，线程和进程之间的关系可以引发人们对于合作、协同和团队精神的思考和理解。

首先，线程和进程之间的关系可以看作一种合作关系。一个进程可以创建多个线程，每个线程负责不同的任务，相互之间协同工作，共同完成进程的使命。这种合作关系需要各个线程之间的协调和配合，体现了合作的重要性。

其次，线程和进程之间的关系也可以看作一种协同关系。线程之间的通信要比进程之间的通信方便得多，可以共享进程的资源，这种协同关系使得多个线程可以同时进行不同的任务，提高了系统的并发度和效率。

最后，线程和进程之间的关系也可以看作一种团队精神。在一个进程内，多个线程共同为实现进程的目标而努力工作，体现了团队精神的重要性。一个团队能否成功，不仅取决于个人的能力和素质，更取决于团队内部成员之间的协作和配合。

因此，在课程思政教育中，我们可以引导学生通过学习线程和进程的关系，认识到合作、协同和团队精神的重要性，培养学生的团队意识和协作能力，为未来的工作和生活打下坚实的基础。

课程思政案例

案例题目： 探究多线程编程中的责任感和团队合作精神

案例内容：

假设你是某公司的软件开发工程师，公司最近开展了一项新的多线程编程项目，你被分配到了一个由 5 名开发人员组成的团队。你们的任务是设计一个程序，通过多线程的方式实现对大规模数据的分析和处理。在整个项目过程中，你们需要充分利用每个人的专业技能和经验，同时也需要密切协作，共同解决项目中遇到的各种问题。

在这个项目中，你们需要协商制订项目计划，确定每个人员的任务分配，协调各个模块之间的接口，以及实现代码的编写和调试。你们需要时刻关注项目的进展情况，保证项目的质量和进度。

在这个过程中，你们需要发挥责任感和团队合作精神。每个人员需要承担自己的任务，并在需要的时候积极协助其他人员。你们需要相互信任、相互尊重，共同追求项目的成功。

思政教育价值：

本案例可以帮助学生了解多线程编程的实践应用，以及团队协作的重要性。在项目中，学生需要承担自己的责任，同时也需要时刻关注整个项目的进展情况，保证项目的质量和进度。学生需要相互协作，共同解决问题，增强自己的团队合作精神和责任感，成长为全面发展的人才。

2.4.3 线程的实现

课程知识点内容

线程已经在许多操作系统中实现，但实现的方式并不完全相同。在有的系统中，特别是一些数据库管理系统中，实现的是用户级线程（User Level Threads, ULT），这种线程不依赖于内核。而另一些系统，如 OS/2 和 Mach，实现的是内核级线程（Kernel Supported Threads, KST）。还有一些系统（如 Solaris）则同时实现了这两种类型的线程，是两种线程的组合。

思政资源切入点

通过讲解不同线程实现方式的优缺点，引导学生思考如何在实际应用中选择合适的线程实现方式，培养学生的实际应用能力和判断能力。

介绍操作系统实现线程的不同方式，让学生了解操作系统内部的实现原理，培养学生的系统思维和计算机基础知识。

通过比较不同线程实现方式的优缺点，引导学生思考线程实现方式对计算机系统的性能和效率的影响，培养学生的环保意识和节能意识。

引导学生深入思考线程实现方式对于软件的开发、测试、维护和升级的影响，培养学生的软件工程思维和实际能力。

通过本案例的讲解，让学生了解线程实现方式的优缺点，从而引导学生在今后的工作和生活中选择合适的线程实现方式，培养学生的社会责任感和担当精神。

课程思政案例

案例题目：用户级线程与内核级线程的比较

案例内容：

介绍线程的基本概念和作用，引出用户级线程和内核级线程的概念。

主体内容：

（1）用户级线程（ULT）和内核级线程（KST）的概念解释，以及两者之间的区别。

（2）ULT 和 KST 的实现方式、优缺点的比较。

（3）举例说明：讨论不同操作系统的线程实现方式，如 OS/2、Mach 和 Solaris。

（4）总结用户级线程和内核级线程的优缺点，并探讨如何在实际应用中选择合适的线程实现方式。

思政教育价值：

通过线程实现方式的讲解，引导学生思考如何在实际应用中选择合适的线程实现方式，以及线程实现方式对计算机系统性能和效率、软件的开发、测试、维护和升级的影响等，从而培养学生的实际应用能力、系统思维、环保意识、软件工程思维和社会责任感等。

3

进程同步与通信课程思政教学案例设计

3.1 进程同步与互斥

3.1.1 并发原理

课程知识点内容

并发带来的问题：
(1) 全局变量的共享充满了危险。
(2) 操作系统很难最佳地管理资源的分配。
(3) 定位程序的错误是很困难的。

思政资源切入点

在课程中，可以就以下方面进行思政教育：

道德：全局变量的共享会增加程序的复杂性和风险，从而使程序更容易出现问题，这就要求程序员要有高度的道德要求和责任感，遵守良好的编程习惯，以减少程序中的错误和风险。

伦理：操作系统的资源分配是公平和公正的原则，然而，在并发编程中，因为资源的竞争和分配，会出现不公平和不公正的情况。因此，程序员需要遵守伦理和道德标准，确保资源分配的公平和公正。

社会责任：并发编程中出现错误可能会对社会产生重大影响，例如，金融交易系统中的并发错误可能导致巨额损失，医疗系统中的并发错误可能导致患者生命危险。因此，程序员需要对社会负有责任，保证编写的程序没有安全漏洞和并发问题，以确保程序的稳定和安全运行。

课程思政案例

案例题目：并发带来的问题

案例内容：

并发是计算机系统中一个重要的概念，指两个或多个事件在同一时间间隔内发生。然而，与并发相关的问题也随之而来。其中，全局变量的共享充满了危险，因为多个线程或进程可以同时访问和修改它们，这会导致数据不一致和竞态条件等问题。此外，操作系统很难最佳地管理资源的分配，因为并发让资源的使用变得复杂。最后，定位程序的错误是很困难的，因为它们可能由不同的线程或进程引起，从而使问题的根本原因变得难以追踪。

思政教育价值：

通过本案例，可以引导学生了解并发带来的问题，深入思考这些问题对计算机系统和应用的影响，从而加强对计算机伦理和社会责任的认识。此外，通过案例学习，还可以让学生明确并发编程中的核心概念和重要原则，提高编写高质量、安全性的并发程序的能力。

3.1.2 临界资源与临界区

课程知识点内容

在计算机中，有些资源允许多个进程同时使用，如磁盘；而另一些资源只能允许一个进程使用，如打印机、共享变量。如果多个进程同时使用这类资源，就会引起激烈的竞争。操作系统必须保护这些资源，以防止两个或两个以上的进程同时访问它们。那些在某段时间内只允许一个进程使用的资源称为临界资源（Critical Resource），每个进程中访问临界资源的那段程序称为临界区（Critical Section）。

几个进程共享同一临界资源，它们必须以互相排斥的方式使用临界资源，即当一个进程正在使用临界资源且尚未使用完毕时，其他进程必须延迟对该资源的进一步操作，在当前进程使用完毕之前，不能从中插入使用这个临界资源，否则将会造成信息混乱和操作出错。

3 进程同步与通信课程思政教学案例设计

🍃 思政资源切入点

责任担当和职业道德：对于临界资源的使用，需要进行相应的协调和管理，以避免对系统和其他用户造成影响。这需要每个使用临界资源的进程都具有一定的责任担当和职业道德，以保证资源的合理使用。

团队合作和沟通能力：多个进程需要共同使用同一临界资源，需要进行有效的团队合作和沟通，以确保各进程之间的资源访问顺序和时序关系。同时，也需要具备处理冲突和解决问题的能力。

科学精神和创新意识：针对临界资源的使用，需要掌握相应的技术和方法，具备科学精神和创新意识，以提高资源利用效率和系统性能。

📂 课程思政案例

案例题目：临界资源的使用与责任担当

案例内容：

在一个企业的生产环境中，存在多个部门需要共享一个重要的生产工具，但该工具只能同时被一个部门使用。为了保证生产的顺利进行，需要对该工具进行严格的管理和协调。每个部门的员工必须在使用该工具前，提前预定并获得许可。同时，在使用过程中，需要严格遵守使用规则和操作流程，确保资源的正常使用和保护。

教育过程：通过案例分析和讨论，引导学生深入理解临界资源和临界区的概念，并探讨在实际工作和生活中的应用场景。在此基础上，引导学生从职业道德和责任担当的角度出发，探讨如何在共享资源的过程中保证资源的正常使用和保护，并思考如何应对可能出现的挑战和冲突。最后，引导学生反思自己的职业道德和责任担当，提高学生的道德素养和自我约束能力。

评估方式：通过小组讨论、课堂问答、思维导图等方式，考察学生对临界资源和职业道德的理解和应用能力，并根据学生的参与度、表现和思考深度等方面进行综合评估。同时，可以让学生完成一份小论文或报告，对临界资源和职业道德进行深入研究和探讨，进一步提高学生的学术研究能力和综合素质水平。

思政教育价值：

本案例涉及责任担当和职业道德，强调了在资源共享和协作过程中的相互依存和相互负责的理念。通过这个案例，可以引导学生深刻认识到职业道德的重要性，养成良好的道德修养和责任担当精神，理解合理使用临界资源对整个生产环境的重要性。

3.1.3 实现互斥的硬件方法

课程知识点内容

为了解决进程互斥进入临界区的问题，需要采取有效措施。利用硬件实现互斥有禁止中断和专用机器指令两种方法。

思政资源切入点

从课程思政的角度来看，进程互斥是一种重要的系统设计原则。在处理机等资源有限的情况下，对于多个进程对共享资源的竞争，需要协调和控制。在实现互斥的过程中，需要遵循公平、公正、合理的原则，以保证资源的合理分配和使用。此外，还需要注重责任担当和职业道德，以保证每个进程都遵守规则并且能够承担相应的责任。

对于硬件实现互斥的方法，需要了解其原理、特点和应用场景，并思考其对社会的影响和应用的局限性。例如，禁止中断方法可以有效地避免多个进程同时访问共享资源的问题，但也可能会导致系统失去响应，影响其他进程的执行。专用机器指令的方法则需要硬件支持，有些系统并不支持这种方式。因此，需要权衡不同方法的优缺点，选择最适合特定应用场景的方法。

此外，还需要关注互斥机制对于系统性能和安全的影响。在实现互斥的过程中，需要考虑处理机和内存的利用率，以及进程间的通信效率。同时，还需要注意系统的安全性，避免出现非法进程进入临界区的情况。

课程思政案例

案例题目：硬件实现进程互斥的思政教育案例

案例内容：

在计算机系统中，多个进程同时访问共享资源时，容易出现进程间相互干扰，导致系统崩溃或出现错误。为了解决进程互斥进入临界区的问题，可以采取禁止中断和专用机器指令两种硬件实现互斥的方法。其中禁止中断方法是通过屏蔽外部中断信号来实现的，而专用机器指令方法是通过CPU提供的特殊指令来实现的。

在操作系统课程中，教师可以引导学生分组，让每个小组模拟多个进程同时访问共享资源，通过对比禁止中断和专用机器指令两种硬件实现互斥的方法的优缺点，引导学生从思想道德的角度考虑如何解决进程互斥的问题。通过讨论和实验，引导学生树立责任担当和职业道德意识，养成积极的管理习惯和职业道德，提高其综合素质。

思政教育价值：

本案例通过讲解计算机系统中进程互斥的问题，介绍了硬件实现互斥的方法和弊端，从而引出了思想道德的解决方案。通过引导学生树立责任担当和职业道德意识，强化他们对于共享资源的管理和规划意识，使其养成积极的管理习惯和职业道德，不断提高其思想素质和综合素质。

3.1.4 实现互斥的软件方法

课程知识点内容

有许多方法可以实现互斥。第一种方法是让希望并发执行的进程自己完成。不论是系统程序还是应用程序，当需要与另一个进程互斥时，不需要操作系统提供任何支持，自己通过软件来完成。尽管该方法已经被证明会增加许多处理开销和错误，但通过分析这种方法，可以更好地理解并发处理的复杂性。第二种方法是使用专门的机器指令来完成，这种方法的优点是可以减少开销，但与具体的硬件系统相关，很难成为一种通用的解决方案。第三种方法是由操作系统提供某种支持。

思政资源切入点

通过让进程自己完成互斥操作，程序员可以更加了解并发处理的复杂性，提高自身的编程能力和对计算机系统的理解。同时，也能增强个人的责任心和自我约束能力，因为程序员需要自己负责并发程序的正确性和性能。但是，这种方法也容易出现错误和性能问题，需要程序员自己承担处理开销和错误的责任。

在操作系统层面提供支持，可以使互斥操作更加规范、稳定和高效。这有助于提高整个系统的性能和可靠性，减少出现错误的可能性，提高系统的安全性。同时，这也体现了团队协作的精神，因为操作系统需要由一群人共同开发和维护。在操作系统的支持下，不同的程序员可以共同完成并发程序的编写，充分发挥每个人的专长，实现更高效的团队合作。

课程思政案例

案例题目：多种方法解决并发问题

案例内容：

某高校的计算机科学专业开设了"操作系统"课程，教师讲解了操作系统中实现互斥的不同方法，包括让进程自己完成、使用专门机器指令和由操作系统提供支持。教师分别介绍了不同方法的优缺点，并引导学生进行讨论，总结出各种方法的适用场景。

思政教育价值：

本案例旨在让学生了解并发处理的复杂性和解决并发问题的多种方法，加深对操作系统的理解。通过分析不同方法的优缺点，学生可以从中领悟到解决问题的多种思路和方法，并掌握如何权衡各种因素选择最优解的能力。同时，学生还可以从中感受到"自我完成"和"合作完成"之间的差异，加强对个人与集体关系的思考。

3.1.5 信号量和 PV 操作

课程知识点内容

1965 年，荷兰学者 Dijkstra 提出的信号量机制是一种卓有成效的解决进程同步问题的工具。该机制提出后得到了长期且广泛的应用与发展。

思政资源切入点

合作与沟通：信号量机制的应用使我们更加深入地认识到，人与人之间的合作和沟通是非常重要的，只有通过合作和沟通才能实现目标。

遵守规定：在一个团队中，每个人都需要遵守团队规定和协议，以确保团队的目标能够实现。

创新与拓展：信号量机制的提出也启示我们，要想解决问题，需要综合运用各种资源和思路，需要勇于创新和拓展。

课程思政案例

案例题目：荷兰学者 Dijkstra 提出的信号量机制的思政教育意义

案例内容：

1965 年，荷兰学者 Dijkstra 提出的信号量机制是解决进程同步问题的一种有效工具。该机制通过控制进程对临界资源的访问来保证进程的正确性和公平性，从而实现进程的同步和互斥。信号量机制的提出和应用，不仅在计算机领域产生了重大影响，还在哲学、数学等领域具有深刻的思想启示。

思政教育价值：

在操作系统课程中，可以通过讲授信号量机制来探讨计算机操作系统中的进程同步问题，并结合实际案例，引导学生深入思考信号量机制的思想启示和人与人之间的合作和沟通的重要性。同时，可以引导学生深入思考遵守规定和协议的重要性，以及在解决问题中要勇于创新和拓展的思想。通过对信号量机制的教学，培养学生的团队协作能力和创新意识，提高学生的思想品质和实践能力。

3.2 经典进程同步与互斥问题

3.2.1 生产者—消费者问题

课程知识点内容

生产者—消费者问题是一种经典的进程同步问题。在这个问题中，生产者进程会不断地生成数据项并将其放入一个有限的缓冲区，而消费者进程会不断地从该缓冲区中取出数据项并进行处理。问题的关键是如何保证生产者和消费者进程之间的同步，以避免生产者在缓冲区已满时继续生成数据项，或者消费者在缓冲区为空时尝试取出数据项。

可以使用两个信号量来解决生产者—消费者问题：一个用于计数空闲的缓冲区槽位数，另一个用于计数已经填充的槽位数。当生产者生成一个数据项时，它会申请一个空闲槽位，并且会通过空闲槽位信号量减 1 来减少可用槽位数。当消费者取出一个数据项时，它会释放一个槽位，并通过已填充槽位信号量加 1 来增加可用槽位数。

思政资源切入点

合作共赢：在生产者—消费者问题中，生产者和消费者之间需要相互协作，才能使整个系统正常运转。通过信号量机制，生产者和消费者能够对共享资源进行合理的协调和分配，从而保证了系统的高效稳定运行。

公平竞争：在生产者—消费者问题中，生产者和消费者之间存在着一定的竞争关系。通过信号量机制，可以保证各个进程之间访问共享资源的公平性，避免了某个进程独占共享资源的情况，保证了系统的公平性和可持续性发展。

社会责任：在生产者—消费者问题中，每个进程都需要承担自己的社会责任，即合理利用共享资源，避免浪费和滥用。通过信号量机制，可以限制各个进程对共享资源的访问，防止资源的滥用和浪费，从而促进了资源的可持续利用和环境保护。

课程思政案例

案例题目：信号量机制与生产者—消费者问题
案例内容：
在每个生产者进程中，需要执行如下代码：
wait（empty）；// 等待可用的缓冲区
wait（mutex）；// 等待互斥访问缓冲区
// 生产商品并放入缓冲区
signal（mutex）；// 释放互斥信号量
signal（full）；// 释放已有商品数量信号量
在每个消费者进程中，需要执行如下代码：
wait（full）；// 等待已有商品数量
wait（mutex）；// 等待互斥访问缓冲区
// 取走商品并进行消费
signal（mutex）；// 释放互斥信号量
signal（empty）；// 释放可用缓冲区信号量

思政教育价值：

生产者—消费者问题是一个典型的并发编程问题，通过使用信号量机制解决该问题，体现了合作共赢、稳定有序的社会价值观念。在多进程协作的环境中，各个进程之间需要相互协作、相互信任，才能够实现整个系统的高效运转。同时，该案例还可以引导学生思考资源的合理利用、协作的重要性及团队合作中的信任与沟通等问题，帮助学生更好地了解并发编程的实际应用，并培养团队协作和社会责任感。

3.2.2 读者—写者问题

课程知识点内容

读者—写者问题是指在多线程或多进程环境下，有多个读者和写者访问同一个共享资源（例如文件、数据库等）的情况。为了保证数据的一致性和完整性，需要对读写访问进行互斥控制。

在读者—写者问题中，读者和写者之间存在冲突，需要通过某种机制保证互斥访问。如果读者和写者都可以同时访问共享资源，就会导致读写冲突，影响数据的正确性和完整性。因此，需要采用某种同步机制来保证读写访问的互斥性。

信号量机制被广泛应用于读者—写者问题的解决中，可以通过设置信号量的初始值来控制读者和写者的访问。

思政资源切入点

从课程思政角度来看，信号量机制的应用体现了合作共赢、稳定有序的社会价值观念。读者—写者问题的解决也涉及了资源共享、公平竞争等方面的问题。在教育中，我们可以通过读者—写者问题的案例来引导学生了解合作与竞争的关系，强调资源共享的重要性，培养学生的团队合作精神和协作能力。同时，学生通过分析和解决读者—写者问题，也可以学习到对抽象问题的把握能力和解决问题的思维能力。

课程思政案例

案例题目：信号量机制在读者—写者问题中的应用
案例内容：

在操作系统课程中，教师可以提出读者—写者问题，要求学生通过编写程序，使用信号量机制解决该问题。问题具体描述如下：有多个读者和一个写者，他们共享一个资源（如文件），读者只能读该资源，写者可以读写该资源。读者和写者不能同时访问该资源，即在某一时刻只能有一个读者或一个写者访问该资源。

学生可以使用信号量机制解决该问题，其中可以设置两个信号量：一个表示读者的数量，另一个表示资源是否被写者占用。如果当前有读者正在读该资源，则写者必须等待，直到当前没有读者访问该资源。如果当前有写者正在占用该资源，则读者必须等待，直到写者释放该资源。通过使用信号量机制，可以保证读者和写者互斥地访问该资源，避免数据竞争和死锁问题。

思政教育价值：

（1）培养学生分析问题和解决问题的能力：学生在解决读者—写者问题

时，需要对问题进行分析和抽象，设计合适的算法和数据结构，通过编程实现解决方案。这有助于培养学生分析问题和解决问题的能力，提高学生的实际应用能力。

（2）培养学生的合作精神和团队协作能力：读者—写者问题需要多个进程协同工作，学生需要理解不同进程之间的协作关系，协调不同进程之间的竞争关系，实现各个进程的合作共赢。这有助于培养学生的合作精神和团队协作能力，提高学生的综合素质。

（3）强调稳定有序的社会价值观念：信号量机制体现了稳定有序的社会价值观念，通过信号量机制的应用，可以保证进程之间的互斥和同步，避免资源竞争和死锁问题，保持系统的稳定和有序。这有助于强调学生稳定有序的社会价值观念，培养学生遵守规则和积极合作的良好道德风尚。

3.2.3　哲学家进餐问题

课程知识点内容

哲学家进餐问题是一个经典的并发编程问题，通常描述为五个哲学家围坐在一张圆桌旁，每个哲学家面前都有一盘面和一只叉子。这些哲学家交替地思考和进餐，但是只有当一位哲学家拿到两只叉子时才能进餐，而每个叉子只能被邻座的两位哲学家共享。这个问题的目标是设计一种算法，使得每位哲学家都能够安全地进餐，并避免死锁的发生。

信号量机制是最常见的解决方案。通过设置一个信号量数组，每个哲学家只有在拿到两个叉子时才能够进餐，而当一个哲学家放下叉子时，就需要释放掉它所持有的两个叉子，以便其他哲学家能够使用。

思政资源切入点

道德修养和职业道德与操守：在解决哲学家进餐问题的过程中，需要保证每个哲学家都能够公平地获得进餐的机会，这要求程序员在设计解决方案时要考虑道德修养和职业道德与操守的问题，保证程序的公正性和稳定性。

辩证思维和思辨能力：在解决哲学家进餐问题的过程中，需要考虑哲学家们的不同状态和优先级，以及如何有效地分配资源，这需要程序员具备辩证思维和思辨能力，善于分析问题和总结解决方案。

团队精神和协同工作：解决哲学家进餐问题需要多个哲学家共同协作完成，这需要程序员具备团队精神和协同工作的能力，善于与他人合作，克服困难，共同实现目标。

科技创新精神和忧患意识：解决哲学家进餐问题需要程序员具备科技创新精神和忧患意识，善于创新设计解决方案，同时预见可能出现的问题和风险，及时采取措施，避免出现故障和错误。

社会责任和服务社会：通过解决哲学家进餐问题，程序员可以体现自己的社会责任和服务社会的意识，积极为社会创造价值，为人类进步和发展做出贡献。

环保意识：在解决哲学家进餐问题的过程中，程序员需要尽可能减少资源的浪费，保护环境和资源，树立环保意识，积极参与环保行动，推动可持续发展。

课程思政案例

案例题目：哲学家进餐问题与程序员职业道德

案例内容：

在哲学家进餐问题中，每个哲学家都需要通过使用信号量机制来获取进餐的机会。然而，程序员在设计解决方案时需要考虑到程序的公正性和稳定性，保证每个哲学家都能够公平地获得进餐的机会。这要求程序员具有高度的职业道德与操守，遵循职业规范和伦理准则，确保程序的正确性和可靠性。

在设计解决方案的过程中，程序员需要考虑到对抽象问题的把握和解决问题的思考，运用辩证思维和批判思维，质疑和反思自己的设计方案，从而不断优化解决方案的效率和稳定性。

此外，程序员还需要具备信息共享和协同工作的团队精神，与团队成员合作共同解决问题，实现协同效应，不断推进工作的进展和成果。同时，也需要具备忧患意识和责任担当，遵循法律法规和职业操守，确保程序的安全性和可靠性，防止出现潜在的漏洞和安全风险。

思政教育价值：

通过学习哲学家进餐问题和程序员职业道德，可以让学生了解到程序员在工作中需要具备的道德修养和职业道德与操守，培养学生的职业素养和职业规划能力，提高学生的职业道德意识和法制意识。同时，也可以培养学生的团队精神和协同工作能力，提高学生的责任担当和使命感，强化学生的社会责任意识和服务意识，促进学生的全面发展和成长。

3.2.4 打瞌睡的理发师问题

课程知识点内容

打瞌睡的理发师问题是一个经典的进程同步问题。该问题的场景是在一个理发店，里面有一个理发师和若干个等待理发的客人。当理发师没有工作时，他会睡觉；当有客人来到理发店时，如果理发师正在工作，则客人等待；如果理发师正在睡觉，则唤醒理发师，并让他给客人理发。客人等待理发的时间不能太长，否则会导致客人流失。

这个问题可以通过信号量机制来解决。我们可以设置两个信号量：一个表示理发师是否在工作，一个表示等待理发的客人数目。当有客人来到理发店时，先对等待客人数目进行加1操作。然后检查理发师是否在工作，如果不在工作，则唤醒理发师，并对等待客人数目进行减1操作；如果理发师在工作，则等待理发师完成工作后再唤醒。当理发师完成一次理发后，检查是否还有等待客人，如果有，则继续为下一个客人理发，否则进入睡眠状态。

思政资源切入点

从课程思政的角度来看，解决打瞌睡的理发师问题需要考虑多个思政内容。首先，要注意道德修养和职业道德与操守，保证程序的公正性和稳定性。其次，要考虑科学伦理和工程伦理，要保证程序的高效性和可靠性，不给客人增加不必要的等待时间。此外，解决问题需要辩证思维和创新能力，要寻求一个既能满足客人需求又不浪费资源的解决方案。最后，还需要关注社会责任和服务社会，保证理发店的顺利经营，同时也满足客人的需求。

课程思政案例

案例题目：理发店优化问题

案例内容：

某理发店经常出现理发师打瞌睡的情况，导致客人的等待时间过长，影响了顾客的体验。为了提高理发店的效率，同时也提升顾客的满意度，店主决定进行优化。

首先，店主引入了智能理发椅，顾客可以自己通过屏幕选择理发师、发型和服务时间等，减少了顾客等待的时间。同时，店主对每个理发师的工作时间和休息时间进行合理规划，避免理发师疲劳过度而导致的打瞌睡现象。

其次，店主还为每个理发师配备了计时器，记录理发师的工作时长和服务次数，便于统计服务质量和提高效率。

思政教育价值：

通过解决理发店优化问题，可以教育学生：

（1）科学伦理和工程伦理：在解决问题时，应注重高效和可靠，为客户提供更好的服务体验。

（2）创新能力：在寻求解决方案时，需要有创新思维，能够发掘并解决问题的根本矛盾。

（3）社会责任和服务社会：作为服务行业的从业人员，需要关注顾客的需求和体验，为顾客提供更好的服务。

（4）职业道德与操守：要注重程序的公正性和稳定性，不偏袒任何一方，保证服务的公正性和客观性。同时，也要遵守服务行业的规范和职业道德。

3.3 AND 信号量

3.3.1 AND 信号量的引入

课程知识点内容

AND 信号量的基本思想是将进程在整个运行期间所需要的所有临界资源一次性全部分配给进程，待该进程使用完后再一起释放。只要尚有一个资源不能满足进程的要求，其他所有能分配给该进程的资源也都不予以分配，为

3 进程同步与通信课程思政教学案例设计

此在 P 操作上增加一个 AND 条件，故称为 AND 信号量。

思政资源切入点

科学伦理、工程伦理、职业道德与操守、学术诚信、专业责任担当：在设计进程的分配方式时，需要考虑进程所需要的资源分配是否符合伦理标准，同时需要保证程序的高效性和可靠性，遵守职业规范和学术诚信原则。

辩证唯物主义、历史唯物主义、辩证思维、批判思维、思辨能力：设计进程的分配方式需要考虑到各种因素的相互作用，尽可能全面地考虑问题，避免出现不必要的错误和失误。

热爱科学、崇尚科学、科学精神、追求真理、追求效率、团队精神、信息共享、协同工作、工程思维、科技创新精神、忧患意识、专业自信、行业愿景、遵纪守法、法制意识、安全意识：当设计进程的分配方式时，需要注重科学、高效、协作等方面的精神，遵守职业规范和法律法规，保证程序的安全可靠。

社会责任、服务社会、责任担当、社会主义核心价值观、和谐社会、文化自信、时事政治：当设计进程的分配方式时，需要考虑到社会责任和服务社会的方面，以及与国家发展战略相符合的目标，落实社会主义核心价值观，以及适应国家、民族和时代的需求。

课程思政案例

案例题目：进程资源分配的伦理标准与程序效率

案例内容：

某软件开发公司设计一款操作系统，需要考虑进程的资源分配问题。设计师为了提高程序的效率，采取了将进程所需要的所有临界资源一次性全部分配的方式。然而，在测试过程中，发现该设计方式会导致某些进程长时间等待，影响用户体验。此时，设计师需要重新考虑进程的资源分配方式，需要考虑进程所需要的资源分配是否符合伦理标准，同时需要保证程序的高效性和可靠性，遵守职业规范和学术诚信原则。

思政教育价值：

该案例涉及科学伦理、工程伦理、职业规范和学术诚信原则等多个方面，需要学生综合考虑伦理、效率和可靠性等因素，培养学生的思辨能力和综合分析问题的能力。同时，也需要引导学生遵守职业规范和学术诚信原

· 71 ·

则，培养学生的职业道德和责任感。此外，该案例还可以引导学生了解进程的资源分配原理，深入了解计算机操作系统的工作原理和设计思想，培养学生对科技创新的兴趣和热情。

3.3.2 用 AND 信号量解决实际应用

课程知识点内容

用 AND 信号量解决哲学家进餐问题。哲学家进餐问题是经典的并发问题，考虑五位哲学家围坐在圆桌前，每位哲学家左右两边各放有一支筷子，需要两支筷子才能进餐。假如每个哲学家都同时拿起其左边的筷子，那么所有筷子都会被占用，导致所有哲学家都无法进餐，出现死锁现象。

为了解决这个问题，可以使用 AND 信号量，即给每一支筷子分配一个信号量，并且要求相邻的两支筷子的信号量必须被同时修改，即 AND 条件被满足才能够修改信号量。

思政资源切入点

需要考虑如何平衡进程之间的资源竞争，确保进程能够正确地获取和释放资源。同时也需要遵守职业规范和学术诚信原则，确保程序的高效性和可靠性。

课程思政案例

案例题目：AND 信号量与思政教育——哲学家进餐问题
案例内容：

在并发编程中，资源竞争问题是非常普遍的，如何协调各方利益，达到共赢的目标，是一个需要解决的难题。其中，哲学家进餐问题是一个经典案例，同时也是一个很好的引导学生了解并发编程中资源竞争问题的例子。在本案例中，我们将通过使用 AND 信号量来解决哲学家进餐问题。

为了解决这个问题，我们可以使用 AND 信号量来限制资源的访问。在每支筷子上都设置一个信号量，哲学家只有拿到左右两支筷子的信号量才能开始进餐，否则就需要等待。当一个哲学家拿起一支筷子时，就会尝试获取另一只筷子的信号量，如果获取成功就可以开始进餐，如果获取失败就需要释放已经持有的筷子，并等待一段时间后再次尝试获取。

通过使用 AND 信号量，我们可以避免资源竞争问题，确保哲学家能够有序地进餐，同时也引导学生了解并发编程中的资源竞争问题和解决方案。同时，我们还可以借此机会，引导学生思考如何合理地分配资源，协调各方利益，达到共赢的目标。通过本案例，我们可以增强学生的职业素养和工程伦理，提高学生的思辨能力和创新能力，培养学生的团队合作精神和信息共享意识。

思政教育价值：

（1）巩固学生对工程伦理和职业规范的理解，引导学生遵守职业规范和学术诚信原则。

（2）培养学生的科学精神和创新能力，提高学生的思辨能力和批判精神。

课程知识点内容

用 AND 信号量解决生产者—消费者问题。生产者—消费者问题是一种常见的并发编程问题，通常指在多线程环境下，生产者生产数据，消费者消费数据，需要解决如何正确、高效地协调两者之间的资源竞争和同步问题。在解决该问题时，可以使用 AND 信号量来实现线程之间的同步，从而保证程序的正确性和可靠性。

AND 信号量是一种同步原语，用于实现多个线程之间的同步，只有当所有的信号量都被释放时，线程才能够执行。在生产者—消费者问题中，可以使用两个 AND 信号量来实现线程之间的同步，一个信号量用于控制生产者线程，另一个信号量用于控制消费者线程。当生产者线程生产了一个数据时，会释放控制消费者线程的信号量，消费者线程会通过该信号量得到通知，开始消费数据。当消费者线程消费了一个数据时，会释放控制生产者线程的信号量，生产者线程会通过该信号量得到通知，开始生产数据。

思政资源切入点

强调团队合作和协作精神：让学生学会如何在团队中协调资源，合理分配任务，达到最终目标。

强调职业操守和道德规范：让学生了解并掌握职业规范和学术诚信原则，从而增强责任感和使命感。

强调科学精神和创新思维：让学生深入了解并发编程的基本原理和应用

技巧，从而培养创新思维和创新能力。

强调社会责任和服务意识：让学生了解生产者—消费者问题的实际应用，培养服务社会的意识和责任感。

课程思政案例

案例题目：生产—消费者问题：科学精神和创新思维的实践

案例内容：

在并发编程中，生产者—消费者问题是一个重要的问题。为了解决这个问题，需要引入信号量来同步生产者和消费者的行为。使用 AND 信号量可以实现对共享缓冲区的互斥访问和生产者和消费者之间的同步。通过实现生产者和消费者进程的同步与互斥，实现了程序的正确性和高效性。

在课程中，可以通过讲解生产者—消费者问题的实现过程，引导学生了解并发编程中的信号量概念和实现方法。同时，可以探讨科学精神在解决问题过程中的重要性，如精益求精、追求真理和创新思维。在实践中，学生可以利用所学知识，通过设计不同的解决方案，挑战自己的创新能力，锻炼解决问题的能力和思维方式。

思政教育价值：

本案例从科学精神和创新思维的角度出发，引导学生掌握并发编程中的信号量同步机制，并通过实践培养学生解决问题的能力。通过本案例的学习，学生可以加深对科学精神和创新思维的理解和认识，并提高他们的实践能力和创新意识。同时，本案例也强调了职业道德和学术诚信的重要性，教育学生始终坚持正确的职业道德和学术诚信原则，实现个人和社会的共同发展。

3.4 管程

3.4.1 管程的思想

课程知识点内容

管程是指一个共享资源的数据结构及一组能为并发进程在其上执行的针

对该资源的一组操作，这组操作能同步进程和改变管程中的数据。

管程的基本思想是把信号量及其操作原语封装在一个对象内部，即将共享资源及针对共享资源的所有操作集中在一个模块中。管程可以用函数库的形式实现，一个管程就是一个基本程序单位，可以单独编译。

思政资源切入点

科学精神和创新思维：管程作为一种并发编程的解决方案，体现了对并发编程问题的深入思考和创新，同时也展现了科学方法在解决实际问题中的应用。

职业素养和职业规划：管程的封装性质及对共享资源的保护，体现了对职业责任担当和专业素养的要求，同时也可以引导学生思考如何合理地分配资源，协调各方利益，达到共赢的目标。

学术诚信和专业责任担当：管程的实现需要保证数据结构和操作的正确性和安全性，这要求程序员具备严谨的编程习惯和严密的测试、验证流程，强调学术诚信和专业责任担当的重要性。

辩证思维和批判精神：管程解决并发编程问题的基本思想是把信号量及其操作原语封装在一个对象内部，即将共享资源及针对共享资源的所有操作集中在一个模块中。这既体现了辩证思维的思考方式，又要求程序员具备对现有解决方案的批判和创新能力。

热爱科学和崇尚科学：管程作为一种高效的并发编程解决方案，体现了热爱科学和崇尚科学的精神，同时也要求程序员具备持续学习和不断探索新技术的精神。

团队精神和协作能力：管程作为一个共享资源的数据结构，需要多个并发进程之间进行协作，要求程序员具备团队精神和协作能力，共同完成项目的开发和维护。

课程思政案例

案例题目：并发编程中的管程实现

案例内容：

在并发编程中，多个线程或进程需要对共享资源进行访问和操作，如果不加控制，会引发诸如竞态条件、死锁等问题。传统的解决方法包括使用信号量、互斥量等同步原语，但这些方法在实际应用中往往存在复杂性和安全性问题。为了解决这些问题，研究人员提出了一种新的并发编程解决方案——管程。

管程是一种将共享资源和操作集中在一起进行封装的方式，通过对外提供一组原子操作来实现对共享资源的访问和修改。在管程中，同一时刻只有一个线程可以进入管程并对共享资源进行操作，其他线程需要等待。同时，管程还提供了一些高级的同步和通信机制，比如条件变量等。

管程的实现需要借助于编程语言的支持，例如 Javak 中的 synchronized 关键字、Python 中的 threading.Lock 等。学习管程可以帮助学生深入理解并发编程的问题，了解管程作为一种新的解决方案的思路和原理，同时也能够提高学生的科学方法和创新思维能力。

思政教育价值：

（1）科学精神：学习并掌握管程的实现，有助于培养学生对于解决实际问题的科学思维和创新能力，提高科学精神。

（2）道德修养：在并发编程中，存在着一些潜在的安全性和复杂性问题，学习并使用管程可以帮助学生更好地保障程序的安全性和正确性，培养学生的职业道德和操守。

（3）专业素养：掌握管程的实现可以帮助学生在实际项目中更好地解决并发编程问题，提高其专业素养和实践能力。

（4）创新思维：管程作为一种新的解决方案，展现了创新思维在实际问题中的应用，学习管程可以培养学生的创新思维。

课程知识点内容

管程的主要特征：

（1）局限于管程的共享变量（数据结构）只能被管程的过程访问，任何外部过程都不能访问。

（2）一个进程通过调用管程的一个过程进入管程。

（3）任何时候只能有一个进程在管程中执行，调用管程的任何其他进程都被挂起，以等待管程变为可用，即管程有效地实现互斥。

3 进程同步与通信课程思政教学案例设计

🍃 思政资源切入点

该内容涉及了并发编程中的互斥问题，强调了共享变量的限制和管程的独占性，体现了科学思维和技术创新。同时，管程的特征也对我们的思维方式和行为方式提出了一些要求，如遵循规则、谨慎处理共享资源等。

📖 课程思政案例

案例题目：如何做好公共资源的管理——管程特征的思考

案例内容：

以"社区图书馆"为例，探讨如何在管理公共资源时体现管程的特征。社区图书馆作为一个公共资源的载体，需要实现读者借阅书籍和图书馆管理人员管理图书的功能，而这些操作都会涉及共享数据的访问。为了避免图书的重复借阅或管理人员的重复管理等问题，需要通过管程实现对共享数据的互斥访问。设计一个社区图书馆的管程程序，其中包括借阅、归还、添加图书、删除图书等过程，并对其进行并发访问的测试。

思政教育价值：

该案例涉及了实际的公共资源管理问题，体现了科学方法在解决实际问题中的应用。讨论管程的特征和实现过程可以培养学生的科学思维和技术创新能力，同时也能引导学生注重规则和遵循约定，强调公共资源管理的重要性，提高社会责任感。

3.4.2 管程的结构

管程的组成有管程名称、局部与管程的共享数据的说明、对数据进行操作的一组过程和对该共享数据赋初值的语句。

🍃 思政资源切入点

科学思维和创新精神：管程的组成是对并发编程问题的深入思考和创新的体现，展示了科学方法在解决实际问题中的应用，同时也促进了学生培养科学思维和创新精神的意识。

专业素养和职业规划：管程的名称、局部与管程的共享数据的说明、对数据进行操作的一组过程及对该共享数据赋初值的语句都需要严格规划和设计，培养了学生的专业素养和职业规划意识。

团队协作和责任担当：在管程中，任何时候只能有一个进程在管程中执行，调用管程的其他进程都被挂起，以等待管程变为可用，有效地实现了互斥，这要求学生在团队协作中要有责任担当的意识。

社会责任和服务社会：管程的组成不仅要满足技术层面的需求，还要考虑对社会的责任和服务，培养了学生的社会责任感和服务社会的意识。

课程思政案例

案例题目：科技服务型人才的专业素养——探究管程的组成及思政价值

案例内容：

小明是一名计算机科学与技术专业的大学生，他正在学习并发编程的相关知识。在学习过程中，他了解到管程这种并发编程的解决方案。管程由管程名称、局部与管程的共享数据的说明、对数据进行操作的一组过程和对该共享数据赋初值的语句组成。

在进一步了解管程的组成过程中，小明发现这种解决方案的设计考虑了并发编程中的互斥、同步等问题，同时将共享数据和操作集中在一个模块中，便于管理和维护。通过管程的过程，实现了并发编程中共享资源的有效访问和操作。

小明深刻认识到管程的组成设计体现了工程伦理和职业素养的重要性，需要具备高度的责任心、专业精神和科学精神。同时，理解和应用管程的思想有助于提高自身的技术能力和工作效率，也有利于团队协作和信息共享，促进整个行业的发展和创新。

思政教育价值：

（1）培养职业素养和工程伦理：管程的组成设计考虑了并发编程中的互斥、同步等问题，同时将共享数据和操作集中在一个模块中，便于管理和维护。理解和应用管程的思想需要具备高度的责任心、专业精神和科学精神。

（2）提高技术能力和工作效率：通过管程的过程，实现了并发编程中共享资源的有效访问和操作，有利于提高自身的技术能力和工作效率。

(3) 促进团队协作和信息共享：管程的思想将共享数据和操作集中在一个模块中，有利于团队协作和信息共享，促进整个行业的发展和创新。

(4) 培养科学精神和批判思维：学习和应用管程需要理解并发编程中的互斥、同步等问题，有助于培养科学精神和批判思维，发现并解决问题。

3.4.3 用管程解决实际应用

课程知识点内容

用管程解决生产者—消费者问题。

思政资源切入点

热爱科学，崇尚科学精神，追求真理，追求效率。
团队精神，信息共享，协同工作。
责任担当，责任感和使命感。

课程思政案例

案例题目： 管程解决生产者—消费者问题的团队协作教育
案例内容：

某高校计算机科学与技术专业的教师在教授操作系统课程时，设计了一个课堂活动来探讨管程的应用。活动包括两个小组，分别扮演生产者和消费者，使用管程来解决生产者—消费者问题。在活动过程中，教师引导学生思考以下问题：

(1) 为什么要使用管程解决生产者—消费者问题？它有什么优势和局限性？

(2) 生产者和消费者如何协同工作，保证数据同步和互斥？

(3) 作为生产者或消费者，在活动中你是如何负责任、积极合作，发挥团队精神的？

思政教育价值：

通过这个课堂活动，学生能够了解并掌握管程的应用，体验到团队协作和责任担当的重要性。同时，学生也能够进一步加深对科学精神、协同工作和责任感的理解和实践。

课程知识点内容

管程与信号量存在着区别。与信号量相比，管程担负的责任不同，管程构造了自己的互斥机制，就是生产者和消费者不可能同时访问缓冲区。但是要求程序员必须把 cwait 和 csignal 原语放到管程中合适的位置，用于防止进程往一个满的缓冲区中存放数据，或从一个空缓冲区中读取数据，而在使用信号量时，互斥和同步都属于进程的责任。

对于信号量，如果在同步操作中省掉任何一个信号操作，那么进入相应条件队列的进程将会永远被挂起。管程优于信号量之处在于所有同步机制都被限制在管程内部，因此易于验证同步的正确性，易于检查出错误。此外，如果有一个管程被正确地使用，则所有进程对受保护资源的访问都是正确的；而对于信号量，只有当所有访问资源的进程都能正确地使用信号量时，资源访问才能保证正确。

思政资源切入点

职业素养和职业道德：程序员必须具备职业素养和职业道德，保证自己的代码正确性和可靠性，为用户和社会创造价值。

团队协作和信息共享：在软件开发过程中，团队协作和信息共享是非常重要的，只有通过协作和共享才能保证软件开发的高效性和质量。

精益求精和追求卓越：程序员需要不断追求卓越和精益求精，不断优化代码和算法，提高软件性能和可靠性。

学术诚信和专业责任：在软件开发过程中，程序员必须遵循学术诚信和专业责任，保证自己的代码不侵犯他人的知识产权和隐私权。

科学精神和创新意识：软件开发是一项创新性的工作，程序员需要具备科学精神和创新意识，不断寻求新的解决方案和算法，提高软件开发的效率和质量。

法制意识和安全意识：软件开发涉及用户的隐私和安全问题，程序员需要具备法制意识和安全意识，保证软件开发的合法性和安全性。

课程思政案例

案例题目：软件开发中的职业道德和专业责任

案例内容：

小明是一名软件工程师，他正在参与一个开源软件项目的开发工作。在开发过程中，小明发现一个潜在的安全漏洞，但是这个漏洞在一个比较隐蔽的地方，其他人可能并没有发现。小明面临着一个抉择：是否应该将这个漏洞报告给项目经理或社区管理员，以便尽快修复这个漏洞，还是保持沉默，避免引起不必要的麻烦。

思政教育价值：

通过这个案例，可以让学生了解在软件开发中职业道德和专业责任的重要性，帮助学生明确自己的职业道德和职业责任，提高学生的法制意识和安全意识。

3.5 进程通信

3.5.1 进程通信的类型

课程知识点内容

高级通信机制可分为三大类，分别为共享存储器系统、消息传递系统和管道通信。

思政资源切入点

科技创新精神：高级通信机制是现代信息技术的重要组成部分，需要具备创新精神才能不断推进技术的发展和创新。

团队精神和协同工作：高级通信机制的研发需要多个专业人员的协同工作，需要具备良好的团队精神和协作能力，才能提高研发效率和质量。

工程思维：高级通信机制是复杂的工程系统，需要具备工程思维，注重系统性、整体性和实践性，才能完成高质量的设计和实现。

责任担当和职业道德：高级通信机制的研发需要具备高度的责任担当和职业道德，遵守行业规范和伦理准则，才能保证研发成果的安全可靠和社会价值。

课程思政案例

案例题目： 高级通信机制中的合作与共赢

案例内容：

某大型科技公司开发了一款新型高级通信机制，需要团队合作来完成。该团队由不同背景和技能的成员组成，包括软件开发人员、硬件工程师和测试人员等。他们必须合作设计和实现共享存储器系统、消息传递系统和管道通信，并确保各个模块之间的协作顺畅。

在整个项目开发过程中，团队成员需要互相协调、交流和支持，确保每个人都在正确的轨道上工作。他们必须遵循团队规则和流程，相互尊重和信任。在项目开发的最后阶段，团队成员必须共同努力完成系统的测试和调试，确保系统的稳定和可靠性。

思政教育价值：

通过这个案例，学生可以深入了解合作与共赢的意义和价值，理解团队合作的必要性和重要性。同时，学生也可以通过这个案例了解科技创新和发展所需的团队合作和沟通技能，了解科技工作者的职业道德和责任感。在此过程中，学生可以培养团队协作精神、责任担当和职业道德，提高团队合作和协调能力，促进学生的全面发展。

3.5.2 进程通信中的问题

课程知识点内容

进程通信中需要考虑的问题有通信链路、数据格式和进程的同步方式等。

思政资源切入点

科学伦理和工程伦理：在进程通信中，需要考虑数据格式和通信链

3 进程同步与通信课程思政教学案例设计

路,这也就意味着数据的正确性和安全性必须得到保证。因此,必须遵守科学伦理和工程伦理,确保数据传输过程的可靠性和安全性。

团队精神和协作能力:进程通信是在多个进程之间进行的,因此需要进行协调和协作。这就需要具备团队精神和协作能力,才能确保进程之间的通信成功。

信息共享和知识产权:在进程通信中,涉及数据的共享和传输,因此也就必须考虑知识产权的保护。在数据共享和传输过程中,必须确保信息共享的合法性,同时也需要遵守知识产权的相关保护规定。

社会责任和安全意识:在进程通信中,需要考虑数据传输的安全性。这就需要具备社会责任和安全意识,确保数据传输过程中不会对社会造成危害。

工程思维和创新精神:在进程通信中,需要对通信链路和同步方式等方面进行设计和创新。这就需要具备工程思维和创新精神,才能够不断优化进程通信的效率和可靠性。

学术诚信和专业责任:在进程通信中,需要遵守学术诚信和专业责任,确保通信链路和同步方式等方面的设计符合学术标准和相关规定。

热爱科学和追求真理:在进程通信中,需要具备热爱科学和追求真理的精神,不断研究和探索新的进程通信方式和技术,以便更好地满足社会需求。

课程思政案例

案例题目:进程通信中的合作与信任

案例内容:

某公司正在开发一个分布式应用程序,需要多个进程之间进行通信。在设计进程通信的过程中,开发团队面临了一些挑战。其中,通信链路、数据格式和进程同步方式是最重要的考虑因素。

团队成员必须协作完成任务,确定了使用共享存储器系统作为进程通信的主要方式。然而,由于多个进程都需要访问同一个共享内存区域,数据的正确性和一致性成为了一个非常重要的问题。为了解决这个问题,他们设计了一套数据格式和同步机制,保证了进程之间的数据通信是可靠的和安全的。同时,他们还讨论了如何保证不同进程之间的合作和信任,以确保整个应用程序的稳定性和安全性。

思政教育价值：

通过这个案例，学生可以深入了解进程通信的重要性和复杂性，并了解到在现实生活中，合作和信任是取得成功的重要因素。在开发过程中，开发团队必须相互信任、合作协调，才能保证项目的顺利完成。此外，了解到如何处理并发进程之间的数据通信，以及如何保证数据的正确性和一致性。这有助于学生了解如何在实践中运用理论知识来解决实际问题，提高他们的实践能力和解决问题的能力。最后，这个案例还可以提高学生的团队精神和责任感，促使他们成为具有高度社会责任感和创新能力的优秀人才。

3.5.3 消息传递系统的实现

课程知识点内容

进程通信中的消息传递系统是一种进程间通信的机制，它通过发送和接收消息来进行进程间的通信。在这种机制中，消息是指一些数据和控制信息，这些信息可以被发送到其他进程，以便其他进程处理。消息传递系统通常包括发送进程、接收进程、消息队列和消息传递接口等组件。

消息传递系统首先由 Hansan 提出，并在 RC4000 系统上实现。在这种机制中，发送消息利用发送原语 send 实现，接收消息利用原语 receive 实现。

思政资源切入点

合作精神和团队协作：在消息传递系统中，进程之间需要相互配合、相互支持，只有合作精神和团队协作才能够实现良好的消息传递。同时，通过学习消息传递系统，学生能够培养团队意识，增强合作精神。

科学精神和创新意识：在消息传递系统的设计和实现过程中，需要充分考虑进程之间的通信需求，并选择合适的通信机制和算法来实现消息传递。因此，学生需要具备科学精神和创新意识，能够不断地探索和创新，提高消息传递系统的效率和性能。

责任担当和安全意识：在消息传递系统中，进程之间的消息传递需要保证数据的安全性和可靠性，因此，学生需要具备责任担当和安全意识，遵守通信协议，保护数据的机密性和完整性，防止数据泄露和攻击。

社会责任和实际应用：消息传递系统广泛应用于分布式系统、并行计算、操作系统等领域，学生需要了解其实际应用价值，并在学习过程中强化社会责任感，将所学知识应用于实际生产和社会生活中。

课程思政案例

案例题目：消息传递系统在云计算中的应用

案例内容：

假设你是一家云计算公司的工程师，负责设计和实现一种高效的消息传递系统。你需要考虑如何选择合适的通信机制和算法，如何保证消息传递的可靠性和安全性，并且需要将你的系统应用于公司的实际业务中。你可以在团队中合作完成这个项目，并在项目过程中体现出合作精神、科学精神、责任担当和实践应用的能力。

思政教育价值：

通过这个案例，学生可以了解消息传递系统在云计算中的应用，掌握设计和实现消息传递系统的方法和技巧，培养合作精神、科学精神、责任担当，增强团队的应用和实践能力。

3.5.4　客户端—服务器系统通信

课程知识点内容

客户端—服务器系统通信是一种常见的进程通信方式。在此通信方式中，服务器进程提供服务，客户端进程请求服务并等待响应。客户端和服务器之间的通信是通过网络或本地计算机进行的。

用户想要访问的数据可能放在网络中的某个服务器上。例如，用户统计一个存放在服务器 A 上的文件的行数、字数。这个请求由远程服务器 A 来处理，它对文件进行统计，计算出所需要的结果，最后将结果数据发送给用户。

在这种通信方式中，客户端和服务器之间需要协商和遵守一定的通信协议，例如 TCP/IP 协议。客户端和服务器还需要处理异常情况，例如，连接失败或超时等。

思政资源切入点

在课程思政方面，客户端—服务器系统通信涉及多个方面的思想，如团队合作、沟通协作、信任建立和问题解决等。客户端和服务器进程之间的通信需要双方进行有效的沟通和协调，才能实现良好的服务。同时，对于服务器进程来说，它需要具备扎实的专业技能和职业道德，确保提供高质量、安全、可靠的服务。

课程思政案例

案例题目：客户端—服务器系统通信的意义和思政教育

案例内容：

某公司开发了一个在线教育系统，其中包括客户端和服务器。客户端用于学生和教师登录、上传和下载教学材料，以及在线交流和问答。服务器用于存储和处理学生和教师的数据和请求，并提供实时支持和服务。

作为一名计算机科学专业的学生，请你简要回答以下问题：

（1）客户端—服务器系统通信的意义和优点是什么？

（2）客户端—服务器系统通信涉及到哪些思政教育内容？

（3）当开发客户端—服务器系统时，需要遵守哪些职业道德和行业规范？

思政教育价值：

通过本案例，学生可以深入了解客户端—服务器系统通信的意义和优点，并从中感受到团队协作、沟通协调、信任建立和问题解决等思政教育内容的重要性。学生还可以学习到开发客户端—服务器系统时需要遵守的职业道德和行业规范，培养专业素养和道德修养，以提供高质量、安全、可靠的服务。

4 调度与死锁课程思政教学案例设计

4.1 调度类型与准则

4.1.1 调度类型

课程知识点内容

处理机的调度有3种类型，分别为高级调度、中级调度和低级调度。

高级调度又称作业调度，是指对系统中所有提交的作业进行调度和分配资源的过程。主要任务是根据作业的特征和系统资源的状况，选择最佳的作业进入系统并分配必要的资源。高级调度的目的是提高系统吞吐量和利用率，同时减少用户的等待时间，提高系统的性能。

中级调度又称进程调度，是指在进程进入系统后，根据各进程的属性和优先级，将就绪队列中的进程按一定策略选择一个进程调度到运行队列，让其占用 CPU 资源。中级调度的主要任务是合理地分配 CPU 资源，提高系统的响应速度和吞吐量。

低级调度又称进程切换，是指当进程占用 CPU 资源的时间片用完后，需要进行进程切换的操作。这个过程中需要保存和恢复当前进程的状态，同时选择另一个进程来占用 CPU 资源。低级调度的主要任务是实现进程的切换和资源的分配，保证系统的稳定和高效运行。

思政资源切入点

处理机调度的学习中，需要注重对学生进行思政教育，引导他们树立正确的价值观和伦理观，提高他们的责任感和使命感，同时加强对法律法规的学习和了解，培养他们的法制意识和安全意识，使他们在日后的工作中能够做到遵纪守法、承担责任，为社会做出积极贡献。

课程思政案例

案例题目：处理机调度中的思政教育

案例内容：

在这个案例中，学生需要通过翻转课堂的方式学习处理机的调度。教师可以先通过录制的视频讲解高级调度、中级调度和低级调度的概念和作用，然后要求学生自主学习不同调度算法的具体实现和应用。

学生需要利用网络资源和参考书籍来学习调度算法，然后在课堂上组成小组，通过讨论和演示的方式来展示各种算法的优缺点。教师可以在此过程中引导学生思考以下问题：

（1）不同的调度算法是否适合不同的应用场景？

（2）在实际应用中，如何考虑处理机的性能、响应时间和吞吐量？

（3）处理机调度中的公平性和效率如何权衡？

在小组讨论和演示的基础上，教师可以设计一些互动环节，如抢答、情景模拟等，以帮助学生深入理解处理机调度中的思想和实践。同时，教师可以引导学生反思：

（1）处理机调度中的不同算法是否涉及一些伦理和社会问题？

（2）处理机调度中的优化和效率如何与社会责任和职业道德相结合？

（3）学生在学习处理机调度的过程中是否意识到自己的责任和担当？

思政教育价值：

通过这个案例，学生不仅可以深入了解处理机调度的概念和实践，更可以通过讨论和演示的方式探讨伦理和社会问题，以及思考职业道德和社会责任。此外，学生还可以培养团队协作和互动的能力，以及批判性思维和创新精神。在学习过程中，学生也可以加深对科技与社会、科技与人文的理解，树立正确的人生观和价值观。

4.1.2 进程调度方式

课程知识点内容

进程调度方式分为不可剥夺方式和可剥夺方式。

不可剥夺方式指的是一旦一个进程占有了处理器资源，就不会被强制性地剥夺，直到该进程主动释放处理器资源或者执行完毕。这种方式适用于实时系统和计算密集型的应用场景，如医疗仪器、飞行控制等。

可剥夺方式指的是操作系统可以在任何时刻剥夺当前进程的处理器资源，将其分配给其他优先级更高的进程。这种方式适用于多用户系统和多任务处理场景，如桌面应用、服务器等。

思政资源切入点

从职业素养角度出发，探讨在不同的进程调度方式下，程序员应该如何设计程序，保证进程的正确性和可靠性，避免出现死锁和资源争夺等问题。

从伦理角度出发，分析不可剥夺方式和可剥夺方式的利弊，引导学生思考在实际工作中如何平衡系统性能和用户体验，如何选择合适的进程调度方式。

课程思政案例

案例题目：进程调度方式的选择

案例内容：

假设你是一名操作系统开发工程师，需要开发一个新的进程调度算法。你了解到进程调度方式有不可剥夺方式和可剥夺方式两种，不同的调度方式对程序执行的影响不同。请你从职业素养和伦理角度出发，设计一份报告，探讨在不同的应用场景下，该如何选择合适的进程调度方式。报告内容需要包括以下几个方面：

(1) 简要介绍不可剥夺方式和可剥夺方式的特点和优缺点。

(2) 分析在实际工作中如何平衡系统性能和用户体验，如何选择合适的进程调度方式。

(3) 探讨在设计程序时如何考虑进程同步和资源分配的问题，如何避免出现死锁和资源争夺等问题。

(4) 分析进程调度算法的局限性和发展趋势，引导学生思考如何从长远的角度出发，为系统提供更好的调度策略。

思政教育价值：

通过设计案例，引导学生思考职业素养，如何在实际工作中设计程序，保证进程的正确性和可靠性，避免出现死锁和资源争夺等问题。

分析不同进程调度方式的优缺点，引导学生思考在实际工作中如何平衡系统性能和用户体验，如何选择合适的进程调度方式。

通过分析进程同步和资源分配的问题，引导学生思考如何从伦理角度出发，选择适当的进程调度方式，避免出现不公正和不合理的情况。

引导学生思考进程调度算法的局限性和发展趋势，探讨如何从长远的角度出发，为系统提供更好的调度策略。同时，也可以培养学生的创新精神和科技创新能力。

4.1.3 进程调度时机

课程知识点内容

进程的调度时机如下：

(1) 进程退出。当一个进程退出时，必须进行调度。因为进程退出后CPU空闲，必须从就绪队列中选择一个进程投入运行。如果没有就绪进程，通常操作系统提供空转进程。

(2) 进程阻塞。当进程由于等待 I/O、信号量或其他原因而放弃 CPU 时，就必须选择另一个进程运行。

在另外一些情况下，尽管调度在逻辑上不是必需的，但还是经常发生：

(1) 新进程创建。新进程创建时，新进程的优先级可能高于正在运行的进程，在可剥夺方式下，进程调度程序需决定是否让新进程投入运行。

(2) 中断发生。当 I/O 设备完成了其工作而发出 I/O 中断时，原来等待该设备的那个进程就会从阻塞状态变为就绪状态。此时，进程调度程序需决定是否选择该进程投入运行。

（3）时钟中断。时钟中断发生时，有可能一个进程运行的时间片到了，进程调度程序需决定是否选择其他进程投入运行。

思政资源切入点

理想信念、追求卓越：通过进程调度的实例引导学生思考如何追求卓越，以及在学习和工作中如何树立正确的理想信念。

学术诚信、专业责任担当：介绍进程调度的相关知识时，强调学术诚信和专业责任担当的重要性，要求学生在学习和工作中要遵守学术道德和职业道德。

团队精神、信息共享：讲解进程调度时，强调团队合作和信息共享的重要性，鼓励学生在学习和工作中积极参与团队活动，主动分享信息。

科技创新精神、工程思维：通过进程调度的案例，引导学生培养科技创新精神和工程思维，掌握科学思维和创新方法。

课程思政案例

案例题目：进程调度中的思政教育

案例内容：

学生通过学习操作系统的进程调度部分，了解进程调度的概念、目的和调度算法，并重点学习进程调度的时机，包括进程退出、进程阻塞、新进程创建、中断发生和时钟中断等。通过深入分析这些时机的特点和需要注意的问题，学生可以进一步了解操作系统的工作原理和内部机制，以及操作系统如何通过调度算法提高系统的运行效率和资源利用率。

在思政教育方面，学生可以从以下几个方面进行思考和讨论：

（1）系统资源的合理利用：进程调度的目的是合理分配CPU和其他系统资源，提高系统的运行效率和资源利用率。这与我们的社会建设中资源的合理利用是密切相关的。

（2）责任担当和协作精神：进程调度需要考虑到各种时机和情况，需要进行周密的分析和决策。这需要操作系统的设计者和开发者具备责任担当和协作精神。

（3）公平公正和权力平衡：在进程调度中，各个进程应该享有公平公正的机会，并且不能存在任何权力滥用和不平衡的情况。这与我们的社会建设中权力平衡和公平公正的价值观是密切相关的。

（4）创新和创造力：进程调度需要设计出适合系统特点的调度算法，这需要创新和创造力。这也与我们的社会建设中创新和创造力的价值观是密切相关的。

思政教育价值：

通过学习进程调度，学生可以深入了解操作系统的工作原理和内部机制，同时也可以了解操作系统设计者和开发者的责任担当和协作精神。在思政教育方面，学生可以从资源的合理利用、责任担当和协作精神、公平公正和权力平衡、创新和创造力等方面进行思考和探讨，加深对社会建设中这些价值观的理解和认识。

4.1.4 调度的性能准则

课程知识点内容

通常使用的调度准则，有些是面向用户的，有些是面向系统的。面向用户的准则与单个用户感知的系统行为有关，比如响应时间、周转时间、优先权和截止时间保证等。面向系统的准则主要考虑系统的效率和性能，主要考虑的因素有系统吞吐量、处理机利用率和各类资源的平衡利用。

思政资源切入点

学习调度策略需要从用户的角度和系统的角度分别考虑，明确不同准则的优缺点，了解它们对于用户和系统的影响，进而分析用户需求和系统需求之间的冲突与平衡。通过学习调度策略，可以帮助学生认识到技术创新与社会需求之间的相互关系，引导学生思考如何运用科技为人类社会做贡献，如何发挥技术的优势来促进人类社会的可持续发展。

课程思政案例

案例题目：调度准则与思政教育

案例内容：

本案例介绍了通常使用的调度准则，分为面向用户和面向系统的两种。面向用户的准则关注单个用户的感知和体验，比如响应时间、周转时间、优先权和截止时间保证等。而面向系统的准则主要关注系统的效率和性能，考虑系统吞吐量、处理机利用率和各类资源的平衡利用。通过比较和分析这两种准则，引导学生了解在实践中不同准则的应用和权衡。

（1）预习环节：让学生通过阅读相关文献或视频等材料，了解操作系统中调度的作用和意义，以及面向用户和面向系统的不同调度准则。

（2）课堂讨论：让学生分组讨论，就以下问题展开讨论：面向用户的调度准则和面向系统的调度准则各有哪些特点？它们之间如何权衡和应用？面向用户的调度准则和面向系统的调度准则的本质区别是什么？通过比较和分析这两种准则，我们应该如何思考操作系统的设计和应用？

（3）案例分析：让学生阅读一个具体的案例，比如一个电商网站的调度策略是如何设计的，以及如何权衡用户体验和系统性能等问题。学生分组分析该案例，分析该电商网站的调度策略是否符合面向用户和面向系统的调度准则，是否存在优化的空间等。

（4）总结回顾：通过讨论和案例分析，让学生总结面向用户和面向系统的不同调度准则的特点和应用，并思考如何在实践中平衡用户体验和系统性能等因素。同时，也可以引导学生思考如何设计更加优秀的操作系统，以更好地满足用户需求和系统性能的要求。

思政教育价值：

本案例可以引导学生深入理解操作系统中调度的作用和意义，同时让学生了解到面向用户和面向系统的不同准则，以及它们的权衡和应用。此外，本案例还可以引导学生思考在操作系统的设计和应用中，如何考虑用户体验和系统性能之间的平衡，如何设计出更加优秀的操作系统。

4.2 调度算法

4.2.1 先来先服务调度算法

课程知识点内容

先来先服务调度算法（First-Come-First-Serve，FCFS）是操作系统中最简单、最基本的调度算法之一。先来先服务调度算法的思想是按照进程到达的先后顺序，按照先来先服务的原则为进程分配 CPU 时间。

当一个进程到达 CPU 请求 CPU 资源时，如果当前 CPU 正忙，那么进程将等待，直到 CPU 空闲为止。如果 CPU 空闲，那么操作系统将把 CPU 资源分配给该进程，直到该进程完成其任务或者阻塞。然后，CPU 将释放，继续进入下一个等待的进程。

先来先服务调度算法运用简单，易于理解和实现，但是它也有一些缺点。由于它只按照进程到达的先后顺序进行调度，所以无法考虑到优先级和时间片等因素，可能会导致一些进程等待时间过长，系统的响应时间变长，从而影响系统的吞吐量和性能。

思政资源切入点

培养学生尊重时间、重视时间的思想，增强学生时间观念和时间管理能力。

培养学生遵守公平公正原则，尊重先来先服务的精神，注重个人行为对整体效率的影响。

强调学生团队合作意识和责任意识，让学生意识到个体行为的影响对整个团队的影响，注重协同合作和分工协作的重要性。

课程思政案例

案例题目：先来先服务调度算法与职场竞争

案例内容：

在现代职场，同样具备能力和经验的人员竞争激烈，如何提高自己的竞争力？可以从操作系统的先来先服务算法中获得一些启示。先来先服务算法指的是按照任务到达的顺序依次执行，相当于先到先得。在职场中，也可以类比为先到先得的竞争模式。在一个职位空缺时，首先了解招聘信息并尽早提交申请，可以提高自己的成功率。此外，通过提高自己的综合素质，包括技能、知识、经验、沟通能力等，也可以提高自己的竞争力，类似于操作系统中通过提高进程的优先级来优化调度。

思政教育价值：

这个案例可以引导学生探讨现代职场中的竞争机制，并提供一些实用的应对方法。同时，也可以从先来先服务调度算法中探究公平性与效率的平衡，了解在不同的场景下，选择不同的调度算法的原因与影响。此外，学生可以进一步思考如何在职业发展中发挥自己的优势，从而更好地实现自我价值和社会价值。

4.2.2 短作业（进程）优先调度算法

课程知识点内容

短作业优先调度算法是操作系统中的一种进程调度算法，其原则是优先调度估计执行时间短的进程，以达到提高系统吞吐量和缩短平均等待时间的目的。在短作业优先调度算法中，每个进程都有一个估计执行时间，调度程序会根据这个估计时间对进程进行排序，优先调度执行时间短的进程。

短作业优先调度算法的主要思想是以最小化平均等待时间为目标，所以通常情况下，短作业优先调度算法能够优先调度执行时间较短的进程，使系统资源得到更加充分的利用，从而提高系统的吞吐量。

思政资源切入点

从思政教育的角度来看，短作业优先调度算法的实现体现了一种公平和效率的价值观，体现了科学技术服务于人民、服务于社会的初心和使命，以及注重节约资源和提高效率的意识。

从公平的角度来看，短作业优先调度算法可以保证所有任务都有公平的机会获得 CPU 时间。而从效率的角度来看，该算法能够在短时间内完成大量任务，从而提高系统的吞吐量和处理效率。这体现了在技术发展的同时，注重公平和效率的价值观。

此外，短作业优先调度算法的实现需要精确的预测任务执行时间，这要求操作系统开发者具备严谨的科学态度和对数据的敬畏之心，从而在操作系统开发过程中体现了科学精神和数据诚信的思想。

课程思政案例1

案例题目：短作业优先调度算法与职场竞争
案例内容：
小明是一名刚刚毕业的计算机专业学生，他找到了一份编程工作，但是他发现在公司里面竞争非常激烈,每个人都想在项目中展示自己的才华。他注意到,公司采用了短作业优先调度算法来分配任务,每次都是先把短任务分配给高级工程师,导致他和其他刚入职的员工总是得不到太多机会。他开始感到焦虑和无助,担心自己无法展示自己的能力。

(1) 请分组讨论,分析短作业优先调度算法在职场中的优点和缺点,并探讨如何在竞争激烈的环境中合理运用该算法。

(2) 请每个小组选择一名代表,模拟面试环节。代表需要根据所学的知识和职场经验,设计自己的个人简历和职业规划,尝试展示自己的优势和特长。其他小组成员充当招聘者的角色,根据短作业优先调度算法的原理和相关的面试标准,评估代表的能力和潜力,给出针对性的建议和意见。

(3) 请学生撰写一篇反思文章,分享自己在竞争激烈的职场中的体会和感受,探讨如何平衡自己的职业发展和个人成长,并表达自己对于短作业优先调度算法的看法和建议。

思政教育价值:

该案例可以引导学生深刻理解短作业优先调度算法的原理和应用,以及在职场中面临的竞争与压力。学生将能够认识到,虽然短作业优先调度算法是为了提高工作效率而设计的,但是它也可能对职场新人造成不公平的待遇。在这样的情况下,学生将需要展示出应对困境的勇气和智慧,适应职场的挑战,从而不断提升自身的职业素养和专业能力,为自己的职业生涯打好基础。

课程思政案例2

案例题目:短作业优先调度算法的角色扮演

案例内容:

在这个案例中,我们将模拟一个计算机系统,其中有4个"进程"需要被调度执行。这4个进程分别是A、B、C和D,自定义其到达时间和服务时间。

假设使用短作业优先调度算法,每个进程的服务时间为单位时间,即第 i 个时间片中只能完成一部分进程 i 的服务时间,剩余的需要等待下一个时间片来完成。请模拟并演示调度过程,并计算出每个进程的周转时间和带权周转时间。

4 调度与死锁课程思政教学案例设计

案例步骤：

(1) 将学生分成4组，每组扮演一个进程（A、B、C、D）。

(2) 请学生在白板上画出一个时间轴，并标出每个进程的到达时间和服务时间。

(3) 请学生按照到达时间的先后顺序，依次将进程放入就绪队列中。

(4) 请学生按照短作业优先调度算法的规则，对作业进行调度。

思政教育价值：

通过模拟计算机调度过程，学生可以更加深入地理解操作系统调度算法中的短作业优先调度算法。同时，本案例可以培养学生的团队协作能力，提高学生的计算机实践能力。

4.2.3 时间片轮转调度算法

课程知识点内容

时间片轮转调度算法是一种常见的操作系统调度算法，它基于时间片的概念，将CPU的使用时间划分成多个时间片段，每个进程在运行时只能使用一个时间片段，时间片用完后，系统强制进行进程切换。这种调度算法可以平衡不同进程之间的执行时间，防止长作业占用CPU资源导致其他进程无法运行。

在时间片轮转调度算法中，每个进程都被分配一个相同长度的时间片，通常是10~100毫秒，时间片结束后，当前进程会被挂起，系统将CPU分配给就绪队列中的下一个进程。如果进程在时间片内执行完毕，则它会自动退出，否则，它将被重新插入就绪队列的尾部，等待下一轮调度。

思政资源切入点

注重公平性：时间片轮转调度算法注重公平性，保证每个进程都能获得相同长度的时间片，防止长作业占用CPU资源，这符合社会公平的思想。

强调效率：时间片轮转调度算法可以平衡不同进程之间的执行时间，提高CPU的利用率，提高系统的运行效率，符合效率至上的价值观。

培养团队精神：时间片轮转调度算法需要就绪队列中的进程相互配合，协同工作，培养了团队精神。

操作系统课程思政案例库设计

鼓励创新：时间片轮转调度算法是对其他调度算法的改进和创新，鼓励人们不断创新和改进，追求更高效、更公平的系统调度算法。

课程思政案例

案例题目：时间片轮转调度算法的思政教育意义

案例内容：

在操作系统课堂上，教师向学生介绍时间片轮转调度算法的原理和实现方式，并引导学生思考该算法的思政教育意义。然后，教师分组要求学生完成以下任务：

（1）每个小组讨论时间片轮转调度算法的公平性和效率之间的关系，并撰写一篇小组报告。

（2）每个小组选择一个实际案例，分析该案例中时间片轮转调度算法的应用，以及该应用对公平性和效率的影响，并撰写一篇小组报告。

（3）每个小组设计一个类似于时间片轮转调度算法的团队协作游戏，让每个小组成员体验团队协作的重要性，并在游戏后进行总结反思。

思政教育价值：

强调公平性：学生通过讨论和撰写小组报告，了解时间片轮转调度算法注重公平性的特点，培养公正、公平的价值观。

培养效率意识：学生通过分析实际案例，了解时间片轮转调度算法在实际应用中对效率的影响，培养效率至上的意识。

培养团队精神：学生通过团队协作游戏，体验团队合作的重要性，培养团队精神和合作精神。

鼓励创新：学生通过研究时间片轮转调度算法的改进和创新，了解追求更高效、更公平的系统调度算法的重要性，培养创新意识。

4.2.4 优先权调度算法

课程知识点内容

优先权调度算法是操作系统中一种常见的进程调度算法，它会根据每个进程的优先级来决定下一个要执行的进程。具有较高优先级的进程会先被执行，而优先级相同的进程则按照先来先服务的原则进行调度。

在优先权调度算法中，每个进程都会被赋予一个优先级，通常优先级数值越大，代表进程的优先级越高。操作系统会按照进程的优先级来安排进程的执行顺序，从而使高优先级的进程能够尽早地得到处理，提高了系统的响应速度和效率。

思政资源切入点

注重公平性：优先权调度算法中，进程被分配的优先级不同，高优先级的进程更容易得到 CPU 的调度，但也要考虑低优先级进程的运行时间，避免陷入无限等待的局面，这符合社会公平的思想。

培养团队合作精神：优先权调度算法中，要根据不同进程的优先级来制定执行顺序，需要进程间相互合作、协同工作，培养了团队合作精神。

强调效率：优先权调度算法中，高优先级的进程被更频繁地调度，从而保证了高优先级进程的响应速度，提高了系统的运行效率，符合效率至上的价值观。

鼓励创新：优先权调度算法不断优化调度策略，从而推动了操作系统调度算法的创新和进步，鼓励人们不断追求更高效、更公平的系统调度算法。

课程思政案例

案例题目：争夺 CPU 的优先级

案例内容：

假设班级分为 A、B、C 三个小组，每个小组选择一名代表作为进程，参加 CPU 调度比赛。比赛中，每个小组需要选择不同的优先级，例如 A 小组优先级为 1，B 小组为 2，C 小组为 3。然后，三个小组的代表依次抢占 CPU 资源，每个小组的代表需要写出一个程序，尽可能多地占用 CPU 资源，以此来模拟优先权调度算法。最后根据程序的运行效率和执行时间，评选出获胜的小组。

思政教育价值：

通过这个案例，学生可以明白优先权调度算法的运作原理，学会如何根据进程的优先级来制定执行顺序，培养团队合作精神，同时也能够增强学生对公平和效率的认识，鼓励他们追求创新和进步。

4.2.5 多级反馈队列调度算法

课程知识点内容

多级反馈队列调度算法是一种基于时间片轮转和优先权调度算法的调度算法，它允许进程在多个队列之间移动，每个队列都有一个不同的时间片大小和优先级。当一个进程从高优先级队列出队时，它将被放置在低优先级队列中，直到它被执行完毕或者到达最低优先级队列。

该算法的主要优点是兼顾了公平性和响应时间，能够在长作业和短作业之间取得平衡。然而，该算法的实现较为复杂，需要对多个队列的参数进行调整和优化。

思政资源切入点

注重平衡：多级反馈队列调度算法注重平衡长作业和短作业之间的调度，平衡不同进程之间的优先级和时间片大小，符合平衡发展的思想。

倡导适应性：多级反馈队列调度算法能够根据进程的需求自动调整优先级和时间片大小，能够适应不同进程的需求，倡导适应性和灵活性。

强调创新：多级反馈队列调度算法是对其他调度算法的创新和改进，鼓励人们不断创新和改进，追求更高效、更公平的系统调度算法。

鼓励合作：多级反馈队列调度算法需要不同队列之间的协调合作，培养了合作精神。

课程思政案例

案例题目：多级反馈队列调度算法中的公平性和效率平衡

案例内容：

在操作系统课程中，教师可以引导学生了解多级反馈队列调度算法。首先，教师可以介绍该算法的基本思想和具体实现过程，包括将就绪队列分成多个队列，并根据进程的优先级和执行时间将进程插入不同的队列中，并且每个队列都有一个不同的时间片长度。当进程执行完当前时间片后，如果仍然处于就绪状态，它将被放置到优先级稍低的队列中，以便更长时间地执行。如果进程在队列中等待了很长时间，但是没有被执行，那么它将被移到更高优先级的队列中，以便更快地得到执行。

然后，教师可以引导学生分析多级反馈队列调度算法的思政教育价值。该算法注重系统调度的公平性和效率平衡。一方面，该算法通过动态调整队列优先级和时间片长度，能够保证所有进程都能得到公平的执行机会，避免了某些进程被"饿死"的情况，符合社会公平的思想。另一方面，该算法能够根据进程的执行情况和优先级进行灵活调整，提高了CPU的利用率和系统的运行效率，符合效率至上的价值观。

思政教育价值：

多级反馈队列调度算法注重公平性和平衡，能够避免某些进程被长时间占用CPU资源，培养了公正平衡的思想。

多级反馈队列调度算法可以根据进程的优先级和执行情况进行灵活调整，反映了变通适应的思想。

多级反馈队列调度算法是对其他调度算法的改进和创新，鼓励人们不断创新和改进，追求更高效、更公平的系统调度算法。

4.3 死锁的基本概念

4.3.1 死锁定义

课程知识点内容

死锁可以定义为一组竞争系统资源或相互通信的进程被"永久"阻塞。若无外力作用，这组进程将永远不能继续执行。

在操作系统中，死锁通常是由于多个进程在竞争有限的资源时相互等待，导致彼此都无法继续执行，形成死锁状态。这是一个常见的系统问题，需要采取相应的解决策略来避免或解决。

思政资源切入点

强调合作与协调：死锁问题的解决需要不同进程之间的合作与协调，这培养了学生合作与协调的精神，强调人际关系与沟通的重要性。

关注资源配置与利用：死锁问题的解决需要关注资源的配置与利用，这与社会资源的分配与利用有关，体现了社会公平和效率的思想。

培养创新意识：死锁问题需要创新的思维和解决方案，这培养了学生的创新意识和解决问题的能力。

强调风险管理：死锁问题是一种风险，需要通过风险管理的方式来解决，这培养了学生的风险意识和风险管理能力。

课程思政案例

案例题目：死锁的定义及其启示

案例内容：

死锁是指在多进程系统中，若干进程因竞争有限的系统资源而陷入相互等待的状态，无法向前推进，导致系统无法正常运行，进程处于"永久"阻塞的状态。死锁的发生需要满足4个必要条件：互斥条件、请求和保持条件、不剥夺条件和环路等待条件。只有在满足这四个条件的同时，才会导致死锁的发生。

思政教育价值：

通过学习死锁的定义及其必要条件，可以引导学生深刻认识到资源竞争与协作的复杂性。同时，还可以帮助学生了解到错误的资源分配与协作方式，会导致系统的崩溃与资源浪费。通过学习死锁，学生可以认识到合理的资源分配与协作方式，重视团队合作精神，增强责任感和使命感，为未来的社会发展打下良好的思想基础。

4.3.2 死锁产生的原因

课程知识点内容

是否发生死锁取决于进程的动态执行，即进程的推进速度。

4 调度与死锁课程思政教学案例设计

死锁的发生还取决于应用程序的细节,如果进程 P 不是同时需要两个资源,先使用完一个资源以后,才申请另一个资源,则无论如何也不会发生死锁,如果所有进程同时请求资源并且立即得到满足,那么死锁就不可能发生。因此,死锁的产生与进程的动态执行息息相关,需要对进程的调度和资源分配进行优化,才能尽可能地避免死锁的发生。

思政资源切入点

注重实践应用:防止死锁的发生需要对进程的调度和资源分配进行优化,需要重视实践应用,注重解决实际问题。

强调优化管理:避免死锁需要优化管理,调节进程执行速度和资源分配,注重团队合作和资源共享。

倡导责任担当:避免死锁需要个人和团队的责任担当,更需要对资源使用负责,避免贪心行为,注重互惠互利。

课程思政案例

案例题目:避免死锁,注重实践应用、优化管理和责任担当
案例内容:

某公司开发团队正在开发一款多人在线游戏,由于该游戏需要处理大量的并发请求和资源竞争,因此需要特别注意防止死锁的发生。该公司的技术总监指定了一个小组负责死锁预防和处理。

小组成员通过实践发现,为了避免死锁的发生,需要优化进程的调度和资源分配,注重团队合作和资源共享。他们提出了以下几点措施:

(1)设计资源分配策略:为了避免进程互相竞争同一资源,需要为每个资源指定一个优先级,然后按照优先级分配资源,同时在资源请求队列中设置等待超时时间,避免等待时间过长。

(2)设计进程调度策略:为了避免进程在等待资源时出现"饥饿"现象,需要为每个进程指定一个优先级,并按照优先级进行调度,同时要注意避免优先级反转现象的出现。

(3)建立团队合作机制:为了避免资源的浪费和重复利用,需要建立团队合作机制,让每个成员清楚自己负责的资源和任务,并及时沟通和协

作，避免因个人利益导致的资源滥用和浪费。

思政教育价值：

通过实践探索，该小组成功防止了死锁的发生，并提出了一系列的优化管理措施。该案例从实践出发，引导学生关注实际问题，注重解决问题的实际效果；从优化管理出发，强调团队合作和资源共享的重要性，促进学生的团队合作精神和责任担当；从责任担当出发，引导学生树立正确的资源使用观念，避免贪心行为和资源浪费。这些都是当今社会中非常重要的价值观念，对学生的职业发展和社会责任意识的培养都具有重要的意义。

4.3.3 可重复使用资源和可消耗资源

课程知识点内容

对于可重复使用资源，在使用时往往要求一次只能供一个进程安全使用，并且不会因使用而耗尽。进程得到这类资源后，使用完毕再释放，供其他进程再次使用。这类资源包括处理机、I/O通道、设备及文件、数据库等；既有软件资源，也有硬件资源。进程在使用这类资源时，就有产生死锁的可能。解决这类死锁的策略是在系统设计时施加关于资源请求顺序的约束。

可消耗资源是指可以创建和撤销的资源。在一个进程使用这种资源后，这种资源就不再存在，比如中断、信号量、消息和缓冲区。

思政资源切入点

资源的合理利用：当进程使用可重复使用资源时，需要严格遵守资源请求顺序的约束，避免资源竞争和死锁的发生。这可以引导学生在学习过程中注重资源的合理利用，树立节约资源、优化资源利用的意识。

合作与协调：解决死锁问题时，需要对资源的分配和调度进行优化。这需要各个进程之间合作和协调。可以通过案例教学、团队合作等方式培养学生的协作精神和团队合作能力。

责任担当：使用可消耗资源时，需要进行创建和撤销的管理，避免资源的浪费和滥用。这需要个人和团队的责任担当，培养学生的责任感和管理意识。

创新意识：解决死锁问题时，需要对系统设计进行优化和创新。这需要学生具备创新意识和开拓精神,注重对操作系统等技术的学习和探索,不断提高解决问题的能力和水平。

课程思政案例

案例题目:资源管理中的责任担当

案例内容:

在操作系统中,可重复使用资源和可消耗资源都可能导致死锁的发生。为了解决这一问题,系统设计时需要施加关于资源请求顺序的约束。在实际应用中,每个进程都需要对资源的使用负责,并遵循系统的约束,避免出现贪心行为,以免引发死锁。同时,团队合作和资源共享也是避免死锁的重要手段。因此,在资源管理中,个人和团队都需要担负起责任,以保证系统的正常运行。

思政教育价值:

这个案例可以引导学生了解操作系统中的资源管理和死锁问题,以及相关的解决策略。通过这个案例,可以让学生意识到个人和团队在资源管理中的责任和担当,以及在解决问题时需要考虑整体利益和互惠互利的原则。这有助于培养学生的责任感和团队合作精神,提高其解决实际问题的能力。

4.3.4 死锁产生的必要条件

课程知识点内容

死锁产生的必要条件:

(1) 互斥条件。

(2) 请求和保持。

(3) 不可剥夺条件。

(4) 环路条件。

思政资源切入点

在思政教育中,我们可以强调合作共赢的重要性,鼓励学生在工作、学习中注重与他人协作，避免采取"我行我素"的做法。同时，也可以引导学生反思竞争与合作的关系，思考如何在竞争中实现合作。

在思政教育中，我们可以讨论权利与责任的平衡，引导学生认识到拥有某种权利并不意味着可以无限制地行使，需要在行使时考虑其他人的权利与利益。同时，也可以鼓励学生在资源使用时注重规划和分配，避免出现资源浪费和过度占用的情况。

在思政教育中，我们可以讨论个人与集体的关系，强调个人利益与集体利益的关系，并引导学生在工作、学习中注重协作和交流，促进资源共享和互助。

在思政教育中，我们可以引导学生关注系统中的相互依存关系，避免出现循环依赖的情况，并提倡系统化思维，注重整体规划和协调。

课程思政案例

案例题目：死锁产生的必要条件

案例内容：

死锁是计算机系统中常见的问题之一，发生死锁会导致进程无法继续执行，从而影响系统的正常运行。而死锁的产生需要满足4个必要条件：互斥条件、请求和保持、不可剥夺条件、环路条件。其中，互斥条件指进程对所需资源的互斥使用；请求和保持指进程已经获得了一些资源，又在请求其他资源；不可剥夺条件指进程已经获得的资源不能被强制性地剥夺；环路条件指多个进程之间形成了循环等待资源的关系。只有同时满足以上4个条件，死锁才会发生。

思政教育价值：

死锁问题虽然属于技术范畴，但涉及了软件工程的多个方面，例如，进程调度、资源分配、算法设计等，同时也反映了人际关系、团队协作等思想问题。通过学习死锁的必要条件，可以引导学生树立责任担当意识和加强团队协作精神，注重优化管理、实践应用，从而增强学生的实践能力和创新能力。

4.4 死锁的预防和避免

4.4.1 死锁的预防

课程知识点内容

死锁的预防包括对死锁4个必要条件的预防。

预防互斥条件：对于不需要互斥的资源，应该允许多个进程同时访问。例如，可以将打印机分为两类：单色和彩色，两种类型的打印机可以并发使用。

预防请求和保持条件：一个进程在申请资源时，要求系统一次性分配所需要的全部资源，而不是逐个分配。如果无法一次性分配，那么进程可以先申请所需要的一部分资源，当其他进程需要该资源时，进程可以主动释放自己所持有的资源。

预防不可剥夺条件：系统可以允许进程占用一些资源，但是在必要时可以剥夺它们。例如，可以设置进程的优先级，当资源紧张时，系统可以剥夺低优先级进程所占用的资源。

预防环路条件：系统可以对资源进行排序，要求进程按照相同的顺序请求资源。这样就可以避免死锁产生的环路条件。

思政资源切入点

培养学生的责任担当和团队协作精神：死锁问题往往是由于进程间竞争资源而导致的，因此在课程教学中可以强调学生应该在使用资源时注重互惠互利，秉持团队合作精神，避免个人贪心行为，从而减少死锁的发生。

培养学生的实践应用能力：预防死锁的方法涉及操作系统的设计和实现，因此在课程教学中应该注重培养学生的实践应用能力，通过实验操作和课程设计等方式，让学生了解和掌握操作系统的调度和资源分配原理，从而能够有效预防死锁问题。

强调优化管理和创新思维：预防死锁需要进行优化管理和创新思维，通过设计新的调度算法和资源分配策略等，从根本上解决死锁问题。因此在课程教学中，可以引导学生关注操作系统领域的最新研究进展，培养创新思维和解决问题的能力。

倡导社会责任和道德观念：死锁问题不仅是技术问题，还涉及社会责任和道德观念。在课程教学中，可以引导学生深刻认识到死锁问题对于系统稳定性和用户体验的影响，让学生了解如何以用户为中心设计和实现操作系统，体现出社会责任和道德观念。

课程思政案例

案例题目：死锁的预防措施

案例内容：

某公司的操作系统开发团队因为进程死锁问题频繁发生，导致开发进度受阻。经过分析，团队发现死锁发生的原因是由于多个进程之间的资源竞争和占用方式不合理，因此制定了一系列预防措施来避免死锁的发生：

（1）破除互斥条件：对于一些不必要的互斥条件，可以通过并发访问或者资源复制等方式来破除互斥条件，从而避免死锁的发生。

（2）避免请求和保持：在进程运行前，一次性地申请所需要的全部资源，避免进程在执行过程中动态地申请资源，从而避免请求和保持的情况。

（3）强制性撤销：资源分配时，预留一定的撤销机制，当出现死锁的情况时，能够及时地进行资源的强制性撤销，从而避免死锁的进一步发展。

（4）破坏法则：通过合理的资源分配和调度算法，避免资源的环路等待，从而避免死锁的发生。

思政教育价值：

预防死锁的过程中需要团队成员协作，要求对资源占用方式进行深入的分析和优化，注重实践应用。同时，预防死锁需要在系统设计时施加约束，要求团队成员具有优化管理和责任担当的意识。通过此案例，可培养团队合作和资源共享的价值观，强化实践应用和责任担当的能力，同时增强对系统设计和资源分配等方面的认识和理解。

4.4.2 死锁的避免

课程知识点内容

避免死锁就是动态地决定是否允许进程当前的资源分配请求。避免死锁采用的是资源分配拒绝策略。在该方法中,允许进程动态申请资源,但系统在分配资源之前,先计算资源分配的安全性,若此次分配不会导致系统进入不安全状态,便将资源分配给进程,否则不予以分配,需进程等待。

思政资源切入点

避免死锁需要在资源分配过程中动态地判断安全性,这就需要注重实践应用。在实际的操作中,需要结合系统特点和资源分配情况,采取适当的资源分配拒绝策略,保证系统不会陷入死锁。这要求我们在学习理论知识的同时,注重动手实践,掌握资源管理和调度技术,培养实际操作能力。

避免死锁需要资源分配的拒绝策略,这意味着在系统运行过程中,某些进程可能无法获得所需的资源。这就需要个人和团队的责任担当,大家需要对自己的资源使用负责,避免贪心行为,注重互惠互利。同时,团队合作和资源共享也是避免死锁的重要因素,大家需要协调分配资源,避免出现资源浪费或者争夺。

课程思政案例

案例题目:避免死锁,促进资源共享
案例内容:

某个公司的系统管理员在处理用户的资源申请时,经常遇到死锁的问题。为了避免死锁的发生,管理员决定采用资源分配拒绝策略,即先判断资源分配的安全性,再决定是否分配资源。为了更好地促进资源共享,管理员还将系统中的资源进行了分类,并且制定了资源使用规范和优先级。在这个系统中,所有用户都需要遵守这些规则,协同工作,共同维护系统的安全和稳定运行。

思政教育价值：

通过这个案例，可以让学生了解到死锁的发生原因和预防方法，了解到资源分配拒绝策略的实际应用。同时，通过管理员的规划和资源分类，可以让学生体会到资源共享和团队合作的重要性，理解责任担当的意义。对这个案例的讨论，可以培养学生的资源管理和调度技能，以及团队合作和资源共享意识，提高他们的实际操作能力和责任担当意识。

4.4.3 银行家算法

课程知识点内容

银行家算法主要有资源请求部分和安全检测部分。对于资源请求部分，首先检查进程的本次请求是否超过它最初的资源要求总量。如果本次进程请求有效，下一步确定系统是否可以满足进程的这次请求，如果不能满足，挂起进程；如果可以满足，调用安全检测算法。

思政资源切入点

从课程思政角度来看，可以引导学生深入思考如何在资源有限的情况下合理分配和利用资源，如何保障系统安全稳定运行，如何避免过度占用资源导致系统崩溃等问题。同时，银行家算法中的安全性检测也体现了对于风险管理和预测的重视。

课程思政案例

案例题目：银行家算法在社会信用建设中的应用

案例内容：

某社区采用银行家算法来管理居民的社会信用，每个居民被分配一个信用值。居民可以向社区申请资源（如物资、服务等）并消耗信用值，同时必须通过银行家算法进行资源的分配和管理，以保证整个社区的资源分配和使用的公平性和可靠性。

在资源请求部分，社区先检查居民的本次请求是否超过它最初的资源要求总量。如果请求有效，下一步社区确定系统是否可以满足居民的这次请求，如果不能满足，社区会对居民进行警告或罚款等处理；如果可以满足，社区会调用安全检测算法。安全检测算法会检查当前系统的资源分配情况，并计算资源分配的安全性，如果此次分配不会导致系统进入不安全状态，社区就会将资源分配给居民，否则不予以分配，居民需要等待资源空闲。

通过采用银行家算法来管理社会信用，可以保证资源的公平分配，同时避免了资源浪费和滥用。这种做法不仅可以在社区内部实现资源的公平管理，也可以推广到社会各个领域，促进社会信用建设和社会治理的现代化。

思政教育价值：

本案例涉及资源的分配和管理，引导学生深入思考资源的分配和管理对社会的影响，同时也可以引导学生深入了解信用和信用体系在现代社会中的作用，以及银行家算法在资源管理中的应用和意义。通过这样的案例教学，可以培养学生的资源管理和社会责任意识，增强学生的社会责任感和公民素养。

4.5 死锁的检测与解除

4.5.1 资源分配图及死锁检测算法

课程知识点内容

死锁检测算法主要是检查系统中的进程是否有循环等待。把系统中进程和资源的申请和分配情况描述成一个有向图，通过检查有向图中是否有循环来判断死锁的存在。具体地说，有向图的顶点有两类，一类是资源，另一类是进程。定义从资源 R 到进程 P 的边表示 R 已经分配给进程 P，从进程 P 到资源 R 的边表示进程 P 请求资源 R。这样就构成了资源分配图。

思政资源切入点

资源管理的重要性：死锁是资源管理不当导致的一种系统问题，通过资源分配图和死锁检测算法可以及时识别和处理死锁问题。资源管理的合理分配和有效利用是保证系统稳定性和高效性的重要保障,需要我们注重资源管理的学习和实践。

合作与协调的重要性:资源分配图中的进程和资源之间是相互依赖的,资源的分配和回收需要进程之间进行协调。在实际工作中,我们也需要不断学习和提高协调沟通能力,促进团队合作和协作,形成良好的工作氛围和合作机制。

系统安全的保障:死锁问题的存在会导致系统崩溃或者无法正常运行,给企业和用户带来不可估量的损失。因此,保障系统的安全性是资源分配图和死锁检测算法的最终目的,也是我们在实际工作中需要时刻关注和重视的问题。

课程思政案例

案例题目:资源分配图及死锁检测算法案例

案例内容:

某公司有 5 个员工和 3 台打印机,每个员工需要使用打印机才能完成工作。公司使用资源分配图来描述员工和打印机之间的申请和分配关系。其中,每个员工是一个进程节点,每台打印机是一个资源节点。如果员工 A 请求打印机 1,那么在资源分配图中就会从 A 指向打印机 1 连一条带有箭头的边;如果打印机 2 已被分配给员工 B,那么就会从打印机 2 指向 B 连一条带有箭头的边。请自行设计公司的资源分配图。

员工 A 请求打印机 1,员工 B 请求打印机 2,员工 C 请求打印机 3,如果这时员工 D 请求打印机 2。那么就可能导致死锁的发生。为了避免这种情况的发生,公司采用死锁检测算法来检测系统中是否存在死锁。

死锁检测算法首先需要构建资源分配图,然后检查有向图中是否有循环等待的情况。在上述例子中,由于员工 B 请求打印机 2,员工 D 请求打印机 2,打印机 2 被两个员工同时请求,形成了一个循环等待的情况,因此系统中存在死锁。

思政教育价值:

资源分配图及死锁检测算法是计算机操作系统中常用的死锁预防和解决技术。通过这个案例,可以让学生了解死锁的发生原因、预防方法和解决技术,培养学生的系统思维能力和解决问题的能力,同时也可以引导学生在实际工作中更加注重资源的有效管理和利用,避免死锁等问题的发生。

课程知识点内容

死锁检查的方法是,为了在复杂的有向图中判断是否存在循环,可以通过简化资源分配图的方法来检测系统中的某个状态 S 是否处于死锁状态。

思政资源切入点

从思政教育的角度来看,死锁检测算法中的资源分配图的构造可以启发我们对于资源的合理利用和平衡发展的思考。类比资源分配图,我们可以看作社会中的资源和人力,社会中的不同角色都有不同的需求和资源,如果无法协调资源的合理分配,就容易产生死锁状态,即社会停滞不前的局面。因此,我们需要注重资源的平衡配置,通过协调资源分配,从而推动社会的持续发展。

此外,在死锁检测算法的执行过程中,需要不断地协调各个进程之间的资源申请和分配,这也启示我们应注重团队协作和沟通能力的培养。只有通过不断地交流和协调,才能在有限的资源下实现最大的效益,实现整个团队的目标。因此,我们应该注重发扬团队精神,学会与他人沟通协调,提高自身的协作能力。

最后,死锁检测算法的应用也提醒我们要注重风险意识和预见能力的培养。只有在考虑到各种可能的情况和变化的前提下,才能及时采取相应的措施,避免出现死锁等问题。因此,我们应该注重学习和运用科学的分析方法和思维方式,提高自身的风险意识和预见能力。

课程思政案例

案例题目:死锁检测与思政教育

案例内容:

某公司的计算机系统中,多个进程需要同时使用打印机、扫描仪和复印机等多种资源。每个进程在使用资源前需要申请,使用完毕后释放。但是,由于资源数量有限,若资源被某一进程占用,其他进程就无法使用该资源,只能等待。如果出现进程间循环等待,就会发生死锁。为了避免死锁的发生，系统管理员需要及时检测并处理潜在的死锁状态。

在此情境下，系统管理员可以利用资源分配图来简化复杂的进程和资源关系，进而判断是否存在死锁状态。通过对资源分配图的检测，管理员可以及时发现死锁状态并进行相应的处理，从而保证计算机系统的稳定运行。

思政教育价值：

本案例可以启发学生的思考，如何通过技术手段避免死锁的发生。同时，学生也可以通过分析资源分配图的结构和特点，了解不同进程间的资源分配关系及其可能导致的死锁状态。此外，学生还可以通过该案例了解职业道德和操守的重要性，以及科学伦理和工程伦理等方面的知识，从而加强自身的职业素养和责任担当意识。

4.5.2 死锁的解除

课程知识点内容

一旦检测到死锁，就需要解除死锁。下面是解除死锁的方法：

（1）撤销所有死锁进程。这是操作系统中最常用的方法，也是最容易实现的方法。

（2）把每个死锁的进程恢复到前面定义的某个检查点，并重新运行这些进程。要实现这个方法需要系统构造重新运行和重新启动机制。该方法的风险是有可能再次发生原来发生过的死锁，但是操作系统的不确定性（随机性）使得不会总是发生同样的事情。

（3）有选择地撤销死锁进程，直到不存在死锁。选择撤销进程的顺序基于最小代价原则。每次撤销一个进程后，要调用死锁检测算法检测是否仍然存在死锁。

（4）剥夺资源，直到不存在死锁。和（3）一样，也需要基于最小代价原则选择要剥夺的资源。同样也需要在每次剥夺一个资源后调用死锁检测算法，检测系统是否仍然存在死锁。

思政资源切入点

道德修养：解除死锁的方法需要考虑到公平、正义和道德，不能简单地剥夺进程或资源，需要考虑代价和影响，选择最小代价的方法进行解除死锁。

责任担当：当系统处于死锁状态时，需要有责任担当的人员及时解决问题，保证系统正常运行，否则会造成严重的后果。

科学精神：解除死锁需要使用科学方法，如死锁检测算法、最小代价原则等，需要学生具备科学思维和分析问题的能力。

团队协作：解除死锁需要多个人员协作，如检测死锁、选择撤销进程或剥夺资源等，需要学生具备团队协作和沟通合作的能力。

课程思政案例

案例题目：解除死锁的道德选择

案例内容：

某公司正在进行一个重要的项目，涉及多个部门的合作。其中一个部门的经理为了完成任务，在使用资源时没有与其他部门沟通协调，导致系统陷入了死锁状态。此时，公司需要解除死锁，但是解除死锁的方法都存在一定的风险和代价。公司的管理者面临一个道德选择，应该采取哪种方法解除死锁。

思政教育价值：

这个案例可以引导学生思考解决复杂问题的道德选择。在现实生活中，我们面临的决策可能会影响到其他人的利益，因此需要思考各种方法的风险和代价，并根据最小代价原则选择最合适的解决方案。同时，这个案例也提醒学生在工作中要注重沟通和协作，避免因为自私或疏忽而导致系统陷入死锁状态，给公司带来损失。

课程知识点内容

关于最小代价，可以从以下几个方面进行考虑：

（1）到目前为止消耗的处理机时间最少。

（2）到目前为止产生的输出最少。

（3）预计剩下的执行时间最长。

（4）到目前为止分配的资源总量最少。

（5）进程的优先级最低。

（6）撤销某进程对其他进程的影响最小。

思政资源切入点

公平性与平等性：最小代价原则的使用需要基于公平性和平等性原则，因为每个进程都应该被平等地对待，不应该因为其他进程的影响而受到不公正的待遇。

责任与担当：当解除死锁时，选择撤销进程或剥夺资源需要考虑最小代价原则，这可以进程管理者具有责任心和担当精神，要对自己的决策负责。

智慧与决策：最小代价原则的选择需要智慧和判断力，需要在时间和资源等多种限制条件下进行决策，这可以培养学生的智慧和决策能力。

竞争与合作：在多个进程之间进行资源竞争时，需要基于最小代价原则进行选择，这需要进程管理者具有竞争和合作意识，能够平衡不同进程之间的利益。

课程思政案例

案例题目：最小代价原则在生活中的应用

案例内容：

最小代价原则是一种在解决问题时经常使用的方法，也经常在计算机科学领域中用于解决一些资源分配问题。在生活中，我们也可以使用最小代价原则来帮助我们做出更好的决策。

举个例子，小明想要购买一台电脑，但是他的预算有限。他发现在市场上有很多不同的品牌和型号的电脑，他应该如何选择呢？这时候，小明可以使用最小代价原则来进行决策。他可以考虑以下几个因素：他需要的处理器性能、显卡性能、内存大小、硬盘容量和价格。然后，他可以列出每个因素对于他来说的重要程度，并给每个因素打分。最后，他可以计算出每台电脑的得分，选出得分最高的那台电脑。

这种方法不仅适用于购买电脑，还可以用于其他决策场景，如选择餐厅、购买家电、选择旅游目的地等。通过运用最小代价原则，我们可以更加理性地进行决策，避免盲目跟风或被广告误导。

思政教育价值：

在日常生活中，我们经常需要做出各种决策，但是做出决策时往往会受到各种因素的干扰，如情感、社交压力、广告宣传等。通过学习最小代价原则，我们可以更加客观、理性地进行决策，避免受到干扰，减少决策错误的可能性。此外，最小代价原则也要求我们考虑问题的全面性，不只是关注某一方面的因素，这也有助于我们培养全局观念，提高综合思考能力。

5

存储管理课程思政教学案例设计

5.1 程序的装入和链接

课程知识点内容

在多道程序环境下,程序要运行首先必须装入内存。一个用户源程序变为一个可以在内存运行的程序,通常要经过编译、链接和装入3个步骤。

思政资源切入点

通过学习多道程序环境下的编译、链接和装入,可以让学生了解操作系统中的资源管理、优化和冲突解决机制。同时,还可以培养学生的系统思维和解决问题的能力,让他们更好地理解计算机系统的组成和工作原理。

课程思政案例

案例题目:多道程序环境下的编译、链接和装入
案例内容:

在多道程序环境下,为了能够执行程序,需要将源程序经过编译、链接和装入3个步骤,转化为可以在内存中运行的程序。具体来说,编译器将源程序转化为目标代码,链接器将多个目标代码文件合并为一个可执行文件,装入器将可执行文件装入内存中。这些步骤都需要消耗系统资源,并且可能存在错误和冲突,需要进行管理和优化。

假设某个学生小张正在学习操作系统课程,他需要编写一个程序来完成某个任务。他使用了C语言编写源程序,并通过编译器将其转化为目标代

码。但是在链接的过程中，他发现自己使用的库文件和其他同学不同，导致链接失败。为了解决这个问题，他向助教寻求帮助，助教指导他使用编译器的选项来指定库文件的位置，成功解决了链接错误。但是，在装入的过程中，由于内存空间不足，他的程序无法装入内存，导致运行失败。他向助教请教如何优化程序代码和内存使用，最终通过代码优化和内存释放，成功将程序装入内存并完成任务。

思政教育价值：

可以让学生了解操作系统中的编译、链接和装入过程，以及其中可能存在的错误和冲突。同时，还可以培养学生的系统思维和解决问题的能力，让他们更好地理解计算机系统的组成和工作原理。

5.1.1 重定位

课程知识点内容

地址重定位完成的是相对地址转换（逻辑地址）成内存的绝对地址（物理地址）的工作。地址重定位又称为地址映射。按照重定位的时机，可分为静态重定位和动态重定位。

思政资源切入点

以上内容可以涉及计算机系统中的资源管理和优化。通过学习地址重定位的原理和实现方法，可以了解计算机系统如何管理和利用内存资源，以及如何优化程序的执行效率和内存的使用效率。同时，还可以引发对计算机系统安全性的思考，例如，如何防止非法访问和攻击等。

此外，还可以引导学生了解计算机系统中的工作原理和组成结构，培养对计算机科学技术的兴趣和探究精神。同时，通过实践操作和案例分析等教学方法，可以提高学生的动手能力和解决问题的能力。

课程思政案例

案例题目：地址重定位的思政教育案例
案例内容：
某公司开发一款软件，在软件开发过程中需要进行地址重定位。为了让员工了解地址重定位的概念、原理和实践操作，公司组织了一次小组讨论活动。在小组讨论中，讨论了以下问题：

（1）什么是地址重定位？为什么需要进行地址重定位？

（2）如何进行地址重定位？有哪些重定位方式？

（3）什么是静态重定位？什么是动态重定位？它们有什么区别？

小组成员分别分享了自己的看法和经验，并讨论了上述问题。在讨论中，小组成员积极发言，分享了各自的理解和经验，并针对不同的问题提出了不同的解决方案。通过讨论，小组成员深入了解了地址重定位的概念和原理，掌握了地址重定位的实践操作技能。

思政教育价值：

本案例通过组织小组讨论活动，让学生深入了解了地址重定位的概念、原理和实践操作，提高了学生技能水平和实际操作能力，同时也促进了学生之间的交流和合作。通过本案例，可以培养学生的团队协作能力和问题解决能力，提高学生的综合素质和职业能力。

5.1.2 链接

课程知识点内容

链接程序的功能是将经过编译后得到的一组目标模块以及它们所需要的库函数装配成一个完整的装入模块。实现链接的方法有3种，分别为静态链接、装入时动态链接和运行时动态链接。

思政资源切入点

计算机科学中的协作与合作：链接程序需要将多个目标模块整合在一起，需要各个模块之间的协作和合作，这启示学生在团队协作中加强沟通与合作的能力。

软件工程中的模块化设计：编译链接技术中的目标模块可以视为软件工程中的模块，链接程序将这些模块整合成一个完整的装入模块，体现了软件工程中的模块化设计思想。

操作系统中的进程管理：链接技术中的静态链接和装入时动态链接需要

将多个模块链接成一个完整的进程，这启示学生在操作系统中加强对进程管理的了解。

计算机体系结构中的地址重定位：链接技术中需要进行地址重定位，将逻辑地址转换为物理地址，这涉及计算机体系结构中的地址映射等概念，可以让学生加强对计算机体系结构的认知。

课程思政案例

案例题目：链接程序的实现方法

案例内容：

设计一个翻转课堂课程，让学生预先学习链接程序的实现方法，并准备一些相关问题。课堂上，将学生分成小组，让他们进行讨论，并回答以下问题：

(1) 什么是链接程序？为什么需要链接程序？

(2) 静态链接和动态链接的区别是什么？

(3) 装入时动态链接和运行时动态链接的区别是什么？

(4) 动态链接的优点是什么？

每个小组需要准备一个 PPT 或其他形式的报告，并在课堂上展示。教师可以在小组报告之后进行点评和补充。同时，教师也可以提出一些有针对性的思政问题，例如：

(1) 作为一名计算机科学家，你认为链接程序对于软件开发的重要性是什么？

(2) 静态链接和动态链接有哪些优缺点？你觉得哪种链接方式更适合实际应用中的软件开发？

(3) 动态链接有助于减小可执行文件的体积，同时也有助于软件升级和维护。在实际应用中，我们应该如何选择动态链接的具体实现方式？

(4) 软件开发中，如何保证程序的安全性和稳定性？

思政教育价值：

通过这个课程，学生们不仅能够了解链接程序的实现方法和相关知识，还能够提高他们的思辨能力和问题解决能力。同时，通过与他人合作讨论和汇报，他们也能够提高团队合作能力和沟通能力。教师也可以在点评和补充的过程中引导学生思考一些社会责任和伦理道德问题，帮助他们更好地理解计算机科学的社会价值和影响。

5.2 连续分配存储管理方式

5.2.1 单一连续分区

课程知识点内容

单一连续分区是指整个内存空间被分为操作系统占用的部分和用户程序占用的部分两个部分。在单一连续分区中，操作系统占用的部分通常位于内存的低地址区域，而用户程序占用的部分位于内存的高地址区域。

在单一连续分区中，每个进程被分配一个单一的连续的内存块，进程的大小不能超过该内存块的大小。当进程需要更多的内存时，只有当该内存块中有足够的连续空间时，才能分配给进程。因此，单一连续分区存在外部碎片问题，即当内存中的某些空间被占用后，剩余的内存空间不能被利用，造成了内存的浪费。

思政资源切入点

资源利用与节约：单一连续分区的内存分配方式存在外部碎片问题，导致系统不能充分利用内存资源，可以从资源利用与节约的角度进行思政资源切入，引导学生思考如何在内存管理中解决外部碎片问题，以实现资源的高效利用和节约。

安全与稳定性：连续分配存储管理方式中的单一连续分区需要考虑内存空间的分配和回收，存在内存泄露和内存溢出等问题，可以从安全与稳定性的角度进行思政资源切入，引导学生思考如何确保内存的安全性和稳定性，以提高系统的可靠性。

系统性能与优化：内存管理对系统性能的影响较大，可以从系统性能与优化的角度进行思政资源切入，引导学生思考如何在内存管理中优化系统性能，以提高系统的响应速度和处理效率。

公平与公正：在多进程环境下，内存的分配和回收需要考虑公平性和公正性，可以从公平与公正的角度进行思政资源切入，引导学生思考如何在内存管理中保证每个进程都能公平地获得内存资源，以保障系统的公正性。

课程思政案例

案例题目：单一连续分区存储管理方式的安全隐患

案例内容：

某公司采用单一连续分区存储管理方式，将操作系统、应用程序和数据文件等全部存放在同一个连续分区中。由于该公司的应用程序和数据文件非常庞大，导致存储空间经常不足，为了解决这个问题，管理员经常需要在分配存储空间时进行空间压缩操作。但是，由于存储空间压缩操作会占用大量的 CPU 时间，导致系统响应缓慢，甚至会出现系统崩溃的情况。此外，如果在存储空间分配不当的情况下，也可能会发生内存溢出、内存泄漏等安全隐患，导致系统崩溃或者数据丢失。活动如下：

（1）在课堂上，教师向学生介绍单一连续分区存储管理方式的原理和特点，并讲解存储空间压缩操作的过程和安全隐患。

（2）学生分组进行讨论，探讨单一连续分区存储管理方式存在的问题和解决方案，以及如何避免内存溢出、内存泄漏等安全隐患。

（3）每个小组向全班汇报自己的讨论结果，概述讨论过程并提出完善的解决方案。

思政教育价值：

通过分析单一连续分区存储管理方式的安全隐患，可以引导学生深入思考存储管理的重要性，并掌握存储管理的基本概念和常见的存储管理方式。此外，还可以培养学生的安全意识和风险意识，提高他们的安全管理能力和创新精神。

5.2.2 固定分区分配

课程知识点内容

固定分区分配是最早使用的一种运行在多道程序中的存储管理方案。在

5 存储管理课程思政教学案例设计

进程装入内存之前,由操作员或操作系统把内存划分成若干个大小不等的分区。一旦划分好,在系统运行期间就不能重新划分。

思政资源切入点

计算机操作的合理性和规范性:在固定分区分配中,需要操作员或操作系统事先划分好内存分区,因此需要操作员或操作系统具备计算机操作的合理性和规范性。

资源的合理利用和节约:在固定分区分配中,内存分区的划分是固定的,不能重新划分。因此需要合理利用和节约资源,避免出现内存空间浪费的情况。

技术革新和创新精神:固定分区分配是最早使用的一种存储管理方案,但随着技术的发展,出现了更加灵活、高效的存储管理方案。因此需要具备技术革新和创新精神,不断探索和研究更好的存储管理方案。

安全性和保密性:固定分区分配中,每个进程都被分配了固定的内存空间,因此可能存在安全性和保密性的问题。需要注意对进程的内存空间进行保护,避免进程之间的干扰和数据泄露。

环保和可持续发展:固定分区分配中,内存分区是固定的,无法动态调整。因此需要考虑环保和可持续发展,避免内存空间浪费和资源过度消耗。

课程思政案例

案例题目:如何合理利用固定分区分配的内存空间?
案例内容:

以某操作系统中的固定分区分配为例,探讨如何合理利用内存空间。首先介绍固定分区分配的原理和优缺点,然后从计算机操作的合理性和规范性、资源的合理利用和节约、技术革新和创新精神、安全性和保密性及环保和可持续发展等方面,引导学生探讨如何合理利用固定分区分配的内存空间。学生可以就如何规划进程的内存空间、如何避免内存空间浪费、如何提高内存利用率等问题进行讨论。

思政教育价值:

通过此案例,学生不仅可以了解固定分区分配的原理和优缺点,还可以培养计算机操作的合理性和规范性、资源的合理利用和节约、技术革新和创新精神、安全性和保密性。

5.2.3 可变分区

课程知识点内容

可变分区是指在进程装入内存时，把可用的内存空间"切出"一个连续的区域分配给进程，以适应进程大小的需要。整个内存分区的大小和分区的个数不是固定不变的，而是根据装入进程的大小动态划分，因此也称为动态分区。

思政资源切入点

计算机系统的效率与公平性：可变分区内存管理方式可以根据进程的大小动态分配内存空间，提高了内存利用率，提高了系统的效率。但是，由于分区的大小和个数不固定，可能会导致某些进程无法得到足够的内存空间，影响系统的公平性。

资源分配与利用：可变分区内存管理方式需要在运行时动态划分内存空间，需要更加灵活的资源分配与利用策略，以满足不同进程的需求。同时，也需要考虑内存碎片问题，及时进行内存回收和整理，以提高内存利用率。

系统安全与稳定性：动态分区内存管理方式需要考虑到内存分配和回收的并发问题，以及内存分配的顺序和策略对系统性能的影响。同时，也需要考虑进程间的内存隔离和保护，确保系统的安全与稳定性。

社会责任与可持续发展：内存管理策略的选择与优化不仅影响计算机系统的性能，还关系到资源的节约和环境的保护。因此，需要考虑社会责任与可持续发展的因素，选择合适的内存管理方式，并不断优化和改进。

课程思政案例

案例题目：可变分区存储管理的实践案例
案例内容：
某高校计算机系组织一次"操作系统实践课程"，学生需要实现一个简单的可变分区存储管理系统。学生分为若干个小组，每个小组需要完成以下任务：

（1）设计并实现一个可变分区存储管理系统，能够完成进程的装入、撤销和空闲区域的管理。

（2）测试该系统，对其进行功能和性能测试，并对比固定分区存储管理方式。

（3）思考可变分区存储管理方式与固定分区存储管理方式的优劣，并探讨其适用场景和使用注意事项。

思政教育价值：

通过本案例的实践活动，学生将能够掌握可变分区存储管理方式的基本原理和实现方法，加深对操作系统的理解。同时，学生将在小组协作中锻炼沟通、合作和分工协作的能力。此外，通过对比可变分区存储管理方式和固定分区存储管理方式的优缺点，学生将深入思考技术选择的合理性和技术发展的方向性。整个实践过程将促进学生的创新精神和实践能力，培养学生的终身学习意识和职业素养。

5.2.4 动态重定位分区

课程知识点内容

允许进程运行过程中在内存中移动，必须采用动态重定位的方法，即将进程中的相对地址转换成物理地址的工作推迟到进程指令真正执行时进行。

思政资源切入点

以上内容的课程思政资源切入点可以是"创新与发展"。动态重定位是操作系统发展的一项重要技术，它使得进程能够在运行过程中在内存中移动，从而提高了系统的效率和灵活性。在探究动态重定位技术的同时，我们也可以深入思考创新与发展的重要性，以及技术进步对社会和经济发展的影响。我们可以通过讨论具体的案例，比如操作系统中某些新技术的应用，探究创新和发展的重要性，以及技术创新对社会和经济发展的推动作用，培养学生的创新精神和探究精神，激发学生对科技创新的热情。

课程思政案例

案例题目：动态重定位技术的应用

案例内容：

本案例将通过介绍动态重定位技术，探讨其在操作系统中的应用及其意义。首先介绍相对地址与绝对地址的概念，然后引入静态重定位和动态重定位的概念，并着重介绍动态重定位技术的原理和实现方式。接着，探讨动态重定位技术在操作系统中的应用，如何避免内存碎片等问题，并与其他内存管理技术进行对比分析，强调其在提高系统运行效率、降低系统资源占用率等方面的重要作用。最后，探讨动态重定位技术的发展趋势及未来可能的应用领域。

（1）自学阶段：学生通过学习相关教材和参考资料，了解动态重定位技术的原理和实现方式，了解动态重定位技术与静态重定位技术的区别和联系。

（2）小组讨论：学生组成小组进行深入讨论和思考，探讨动态重定位技术在操作系统中的应用及意义，包括如何避免内存碎片等问题，与其他内存管理技术进行对比分析，强调其在提高系统运行效率、降低系统资源占用率等方面的重要作用。在小组讨论过程中，教师应该指导学生提高讨论质量，强调学生的创新意识和实践能力。

（3）组织报告：每个小组派代表进行汇报，展示他们的研究成果和分析思路，交流讨论，进一步完善自己的研究成果。

（4）总结反思：教师对学生的讨论和汇报进行总结反思。

思政教育价值：

本案例涉及操作系统中的核心技术之一——内存管理，不仅能够帮助学生深入理解动态重定位技术的原理和实现方式，还能够引导学生深刻认识到内存管理技术对操作系统性能和资源占用率的影响。通过本案例的学习，可以加深学生对计算机系统的整体认识，提高学生的综合素质和实践能力。同时，案例还可以启发学生对新技术的探索和创新意识，培养学生的创新精神和实践能力。

5.3 页式存储管理

5.3.1 页式存储管理的基本原理

课程知识点内容

页式存储管理是一种常见的虚拟存储管理方式，它将进程的逻辑地址空间和物理内存空间都分割成大小相同的块，称为页。程序分页是指将一个进程的逻辑地址空间划分为大小相等的页面，每一页的大小固定。内存分块是指将内存划分为大小相等的物理块，每个物理块也与逻辑页面的大小相同。

思政资源切入点

计算机系统中的存储管理对计算机性能和效率有着重要影响，需要从多个角度进行思考和探讨。

在计算机系统中，存储管理方案不仅是一种技术问题，还涉及一些重要的思政教育价值，如资源合理分配、公平竞争、信息安全等。

课程思政案例

案例题目：存储管理对社会资源的合理利用
案例内容：
（1）引导学生深入了解页式存储管理中的程序分页和内存分块的知识，并进行案例分析和讨论。
（2）讨论存储管理方案对计算机性能和效率的影响，并与现实生活中的资源管理进行对比。
（3）分析存储管理方案对社会资源的合理利用和公平分配的重要性，并引导学生思考如何设计更为合理的存储管理方案。
思政教育价值：
（1）学生通过学习存储管理知识，了解计算机系统中资源的合理分配对提高计算机性能和效率的重要性。

（2）引导学生思考如何设计更为公平、高效的存储管理方案，促进其思维能力和创新能力的培养。

（3）通过案例分析和讨论，让学生了解计算机系统在资源管理方面的重要性，并引导学生认识到资源管理对于社会资源的合理利用和公平分配的重要性。

课程知识点内容

在页式管理系统中，进程的若干个页被离散地存储在内存的多个存储块中，为了能找到每个页所对应的存储块，系统为每个进程建立一张页表。进程所有页依次在页表中有一页表项，其中记录了相应页在内存中对应的物理块号。配置了页表后，进程执行时通过查找页表，就可以找到每页在内存中的存储块号。可见，页表的作用是实现从页号到存储块号的地址映射。

思政资源切入点

在多道程序设计中，系统需要对内存进行合理的分配和管理，以充分利用内存资源，提高计算机的运行效率。这引发了我们对资源分配的公平性和合理性的思考，以及对计算机技术对于人类生产、生活、思维等方面的影响的思考。

虚拟内存技术允许进程使用比实际物理内存更大的内存空间，从而提高了计算机的运行效率。然而，这也引发了一些问题，例如，进程过度占用内存会导致系统崩溃、数据丢失等问题，这需要我们思考如何在保证计算机效率的同时，保障数据的安全和稳定。

页表的作用是实现从页号到存储块号的地址映射，这也引发了我们对于地址映射算法和存储管理技术的思考，以及对于计算机硬件和操作系统的深入理解。

课程思政案例

案例题目：页表的作用与页式管理的思想
案例内容：
翻转课堂形式。

预习内容：

学生在课前观看一段视频，介绍页表的作用和页式管理的思想，了解进程的若干个页如何被离散地存储在内存的多个存储块中，并通过页表实现从页号到存储块号的地址映射。

课堂内容：

（1）开始课堂，教师简单介绍页式管理系统，强调页表的作用和页式管理的思想。

（2）将学生分成若干组，每组讨论页表的作用及页式管理的优缺点，并将讨论结果汇报给全班。

（3）教师引导学生思考，页表如何实现从页号到存储块号的地址映射，并通过实例演示。

（4）学生在课堂上完成一个小组作业，设计一个小型的页式管理系统，并运用页表实现地址映射。

（5）学生通过小组讨论和合作，加深了对页表的理解和应用，同时也感受到团队协作的重要性。

（6）课堂结束，教师进行思政教育，引导学生思考信息安全和隐私保护的重要性，培养学生对于知识的责任感和道德观念。

思政教育价值：

通过本次课程，学生不仅了解了页表的作用和页式管理的思想，更重要的是培养了学生团队协作和创新能力，同时也加深了学生的信息安全和隐私保护意识，为未来的学习和工作打下坚实的基础。

课程知识点内容

在页式管理系统中，页或存储块的大小由机器的地址结构决定，一般使用 2 的幂作为页的大小。若选择的页面较小，可以使页内的碎片减小，有利于提高内存的利用率，但是同时也使进程要求页面数增加，从而使页表的长度增加，占用大量内存空间；若选择的页面较大，虽然可以减少页表的长度，却又会使页内碎片增大。

◎ 操作系统课程思政案例库设计

🌱 思政资源切入点

　　以上内容涉及计算机系统中的内存管理，以及内存利用率和空间的权衡、系统性能和资源利用等问题，具有一定的思政教育价值。其中的权衡和折中，也是现实社会中常见的问题，如企业在经营中要考虑成本和效益之间的平衡。这些问题也可以引导学生从不同的角度思考计算机技术与社会实践的关系。

　　例如，可以通过探讨不同的内存页大小对计算机系统性能和资源利用率的影响，引导学生思考在实际应用中如何进行合理的选择和平衡。同时，也可以引导学生思考在现实生活中类似的折中和权衡问题，例如，如何在个人和社会之间寻找平衡点，如何在追求效率和节约资源之间寻找平衡点等。这些问题的探讨可以引导学生更深入地思考计算机技术与社会实践的关系，有助于培养学生的社会责任感和担当精神。

📂 课程思政案例

案例题目：页的大小选择对计算机性能的影响

案例内容：

　　在页式管理系统中，页的大小会直接影响到内存的利用效率及页表的长度。选择较小的页面可以减少页内碎片，提高内存利用率，但页表长度也会增加，占用大量内存空间；而选择较大的页面可以减小页表的长度，但也会增加页内碎片。因此，在实际的计算机系统中，需要根据具体的应用场景和硬件限制进行合理的选择。

思政教育价值：

　　这个案例可以引导学生深入了解操作系统中的内存管理机制，了解页式管理系统中页面大小的选择与内存利用效率的关系。同时，学生也可以通过对不同页面大小的比较分析，了解系统设计时需要进行取舍的原则，即在不同的设计方案之间，需要在多个指标之间进行平衡取舍，以最大化整个系统的性能表现。这也提醒学生在实际工作和生活中，需要在多个目标之间进行取舍，权衡利弊，寻求最优解。

· 132 ·

5.3.2 页式存储管理的地址变换机构

课程知识点内容

为了能将用户地址空间中程序的逻辑地址变换成内存空间中的物理地址，系统中必须设置地址变换机构。该机构的任务是实现逻辑地址到物理地址的动态重定位。

思政资源切入点

技术与社会：通过讨论地址变换机构的发展历程、现代计算机的地址变换机制及地址变换技术的应用，引导学生思考技术与社会的互动关系，探讨技术进步对社会发展的影响和启示。

安全与隐私：引导学生思考地址变换机构对计算机系统安全与用户隐私的保护作用。通过案例分析、讨论等方式，帮助学生了解计算机系统中存在的安全风险，掌握防范计算机攻击和保护隐私的知识和技能。

环境与可持续发展：引导学生思考计算机系统的资源利用和环境保护问题。通过讨论计算机硬件和软件的设计、制造、使用等方面，探讨计算机系统对环境的影响和如何实现可持续发展。

人文与伦理：引导学生思考地址变换机构对人文和伦理的影响。通过探讨计算机技术对人类生活的改变、人工智能的伦理问题等方面，培养学生对科技发展和社会发展的全面理解和判断能力。

以上4个方面的资源切入点都可以在课程教学中引入，以丰富课程的思政教育内容，提高学生的思辨能力和社会责任感。

课程思政案例

案例题目：地址变换机构与实现动态重定位
案例内容：

现代操作系统中，为了实现多道程序的并发执行，需要将不同进程的地址空间隔离开来，而且每个进程的地址空间也不能是固定的。这就要求系统在运行时能够将进程的逻辑地址（也称虚拟地址）动态地映射到实际的物理地址上。这个过程需要通过地址变换机构来完成。通常，地址变换机构采用分段、分页、段页式等地址映射方式，实现进程的地址隔离和动态重定位。

思政教育价值：

通过学习地址变换机构和动态重定位的原理和实现，可以引导学生理解操作系统中多道程序并发执行的原理和实现，培养学生的系统性思维和创新能力。同时，还可以引导学生探讨虚拟化技术、云计算和大数据等领域中的地址映射问题，思考如何通过地址变换机构来优化系统性能和提高数据安全性。此外，还可以引导学生了解计算机系统中的安全与隐私问题，让他们从操作系统的角度思考如何保护用户的数据和隐私。

5.3.3 页表的硬件实现

课程知识点内容

每种操作系统都有自己保存页表的方式，大多数系统为每个进程分配一个页表，在进程控制块中存放指向该页表的指针。

页表的实现方式有很多，最简单的方式是用一组专门的寄存器来实现，当调度程序为选中的进程加载寄存器时，这些页表寄存器一同加载。由于寄存器具有很高的访问速度，有利于提高页表查找的速度。但寄存器的成本太高，而页表又很大（可能有 100 万项），完全用寄存器实现不太可能，因此大多数系统的页表都放在操作系统管理的内存空间内。

思政资源切入点

计算机系统中的资源分配：页表的实现方式涉及计算机系统中各种资源的分配，如内存空间、寄存器等，需要权衡不同资源的利弊和成本，并进行合理的分配和利用。

技术和社会的发展：随着计算机技术的不断发展和进步，页表实现方式也在不断演变和改进，需要考虑技术和社会的发展趋势，及时更新和优化实现方式。

系统性能和用户体验：页表的实现方式直接影响操作系统的性能和用

户体验，需要在满足系统要求的前提下，尽可能提高系统的性能和用户体验。

资源利用效率和可持续发展：页表的实现方式也涉及资源利用效率和可持续发展问题，需要考虑如何在资源利用效率和可持续发展之间取得平衡，实现长期稳定的运行。

课程思政案例

案例题目：操作系统中的页表管理

案例内容：

操作系统中的页表管理涉及页表的实现方式、页表的存储方式等问题。其中，最简单的实现方式是用一组专门的寄存器来实现，但由于寄存器的成本太高，因此大多数系统的页表都放在操作系统管理的内存空间内。此外，为每个进程分配一个页表，在进程控制块中存放指向该页表的指针，也是一种常见的实现方式。

思政教育价值：

通过本案例，学生可以了解到操作系统中页表管理的实现方式和存储方式，了解不同实现方式的优缺点及适用场景，从而培养学生的计算机系统设计和优化能力。此外，学生还可以从中感受到计算机科学中常常需要在不同因素之间进行取舍和平衡的情况，从而培养学生的科学决策能力和系统思维能力。同时，本案例也可以引导学生关注计算机科学技术发展中所涉及的伦理和社会问题，如计算机资源的分配、使用和节约等方面的问题。

5.3.4 页表的组织

课程知识点内容

在两级页表中，每个进程都有一个页目录表和多个页表。页目录表包含了多个页目录项，每个页目录项对应一个页表。每个页表包含了多个页表项，每个页表项对应一个物理页面。当进程需要访问虚拟内存时，首先根据虚拟地址中的高位找到页目录表中对应的页目录项，然后根据虚拟地址中的中间位找到页表中对应的页表项，最后得到物理页面的地址。

思政资源切入点

技术创新与社会发展：介绍两级页表的出现背景、原理和优缺点，并引导学生从技术创新与社会发展的角度分析其对计算机系统的性能和应用的影响。

数据结构与算法：以两级页表为例，讲解树形结构、哈希表等数据结构和查找算法的基本原理和应用，以及如何根据实际应用场景选择不同的数据结构和算法进行优化。

操作系统设计与实现：通过两级页表的实现过程，介绍操作系统的内存管理机制，包括分页、分段、虚拟内存等基本概念和实现方式，以及相关算法和数据结构在操作系统中的应用。

计算机系统安全与隐私保护：介绍如何利用两级页表实现计算机系统的安全和隐私保护，如地址空间隔离、访问控制等措施，以及其在实际系统中的应用和挑战。

信息化与社会生活：以两级页表为例，介绍计算机系统在现代社会中的广泛应用和对社会生活的影响，以及如何保障信息安全和隐私保护，促进信息化和社会发展的有机结合。

课程思政案例

案例题目：虚拟内存和页表机制的设计与社会责任

案例内容：

随着计算机技术的不断发展，内存大小的限制逐渐成为过去。但是，随着应用程序越来越复杂，内存仍然是计算机系统的瓶颈之一。虚拟内存和页表机制为了解决内存瓶颈问题而产生。在虚拟内存机制中，计算机操作系统将进程的逻辑地址空间映射到物理地址空间，使得进程可以在自己的地址空间内运行，而不必关心真正的物理地址。而页表机制是实现虚拟内存的重要手段之一，采用两级页表的方式实现逻辑地址到物理地址的转换。这种方式大大降低了内存的访问时间，并提高了计算机系统的性能。

思政教育价值：

（1）认识技术的社会责任：虚拟内存和页表机制的设计为提高计算机系

统的性能做出了重要贡献。但是，随着技术的发展，计算机系统的内存容量不断增大，导致人们对内存的需求不断提高，同时对计算机系统的性能也提出了更高的要求。作为计算机技术的从业者，我们需要认识到技术发展与社会责任的关系，积极探索如何让技术更好地为人类服务。

（2）推动创新和发展：虚拟内存和页表机制的发明和应用，不仅是对计算机系统性能的提高，更是一种技术上的创新和发展。作为未来的科技人才，我们需要不断探索新的技术方法和创新模式，为社会的发展和进步做出贡献。

（3）弘扬团队精神：虚拟内存和页表机制的设计需要多个领域的专业人才紧密合作，才能取得如此卓越的成果。因此，本案例也可以引导学生学习和弘扬团队精神，倡导合作、共享、开放的创新文化。

课程知识点内容

多级页表是一种用于操作系统中管理虚拟内存的技术，与两级页表不同，它可以支持更大的虚拟地址空间，减少内存浪费。

多级页表将虚拟地址划分为多个部分，每个部分表示一个级别。每个级别都有一个页表或页目录表，每个表项对应一个物理页面。当进程需要访问虚拟内存时，系统会根据虚拟地址中的每个部分找到对应的页表或页目录表，最终得到物理页面的地址。

多级页表中的每个级别都可以使用不同的页大小，这可以提高内存利用率和减少内存碎片。例如，高级别的页表可以使用较大的页大小，而低级别的页表可以使用较小的页大小。

在多级页表中，由于需要多次查找页表或页目录表，因此会增加访问虚拟内存的时间。为了解决这个问题，操作系统可以使用 TLB（Translation Lookaside Buffer，翻译高速缓存）来缓存最近访问的页表项，加速访问速度。

思政资源切入点

操作系统对资源的分配和利用。多级页表需要占用一定的内存空间和计算资源，因此操作系统需要考虑如何分配这些资源以最大限度地提高系统性能和用户体验，同时避免浪费和过度消耗资源的情况。这与社会发展中资源

◎ 操作系统课程思政案例库设计

的分配和利用有着密切的联系。

技术的进步和社会发展。随着计算机技术的不断进步，多级页表在虚拟内存管理中的应用已经非常成熟。这种技术的出现和发展，不仅改变了计算机系统的内存管理方式，而且为计算机科学的发展和计算机行业的繁荣做出了重要贡献。这反映了技术进步和社会发展之间的互动关系。

技术的伦理和社会责任。虚拟内存管理技术可以提高系统性能和用户体验，但同时也涉及用户隐私和安全等问题。因此，操作系统需要采取一些措施来保护用户的权益和隐私，避免技术的滥用和对用户的侵犯。这反映了技术的伦理和社会责任。

国家的信息安全和网络安全。虚拟内存管理技术在计算机系统中的应用，对国家信息安全和网络安全也有着重要影响。因此，操作系统需要采取一些措施来保障系统的安全性和可靠性，避免计算机系统遭受恶意攻击和损害。这反映了国家信息安全和网络安全的重要性。

课程思政案例

案例题目：多级页表对操作系统性能和资源利用的影响

案例内容：

操作系统是计算机系统中的核心软件，负责管理计算机硬件资源和提供服务。在计算机系统中，操作系统使用虚拟内存技术管理物理内存，提供给每个进程一个独立的虚拟地址空间。多级页表是一种用于操作系统中管理虚拟内存的技术。

话题抛出：多级页表技术在操作系统中的应用对系统性能和资源利用有何影响？

讨论方向：

（1）性能影响：多级页表的使用是否会对系统的性能造成影响？如何评价其对系统性能的影响？如何优化提高其性能？

（2）资源利用：多级页表技术是否会浪费计算机系统资源？如何解决资源浪费问题？

（3）安全问题：多级页表技术是否存在安全问题？如何防范安全威胁？

（4）环境影响：多级页表技术的应用是否会对环境造成影响？如何降低

其对环境的影响？

(5) 未来发展：随着计算机技术的不断发展，多级页表技术是否会有更广泛的应用？如何进一步完善和发展这一技术？

思政教育价值：

通过讨论多级页表技术在操作系统中的应用，引导学生了解操作系统管理虚拟内存的原理和方法，加深对操作系统的理解，了解虚拟内存技术对计算机系统的性能和资源利用的影响，培养学生对操作系统性能、资源利用、安全等方面的思考和分析能力，提高其科学技术素养。

课程知识点内容

反置页表是一种操作系统中用于管理虚拟内存的技术。它与传统的页表不同，传统的页表是将每个进程的页表存储在各自的进程地址空间中，而反置页表将所有进程的页表都合并到一起，形成一个全局的页表，进程通过搜索该表来找到自己的物理页面。

反置页表中的每个表项都对应一个物理页面，其中存储了该页面的虚拟页面号及进程标识符等信息。当进程需要访问虚拟内存时，系统会根据虚拟页面号和进程标识符在反置页表中搜索对应的表项，以获取物理页面的地址。

由于反置页表中的表项数量是固定的，因此可能会发生冲突。为了解决这个问题，反置页表通常使用哈希表或链表等数据结构来存储表项，以便快速地查找和更新表项。

思政资源切入点

从课程思政的角度来看，反置页表的设计思想可以启发我们关注信息技术与社会发展之间的相互关系，以及信息技术如何对人类社会产生积极的影响。同时，反置页表也涉及计算机系统的性能和可靠性问题，这可以引导我们思考技术创新与社会发展之间的关系，如何通过技术创新来解决社会问题，以及如何平衡技术进步与人类发展之间的关系等。

课程思政案例

案例题目：反置页表与信息共享

案例内容：

反置页表的设计思想体现了信息共享的理念，其合并了所有进程的页表，实现了页表的共享，提高了内存利用率，降低了内存占用。在现实生活中，信息共享也是十分重要的，可以实现资源共享，促进社会的共同进步。

分组讨论题目：

(1) 请结合生活中的例子，讲述信息共享的重要性。

(2) 反置页表的设计思想是如何实现信息共享的？

(3) 反置页表的设计体现了哪些思想和技术？

(4) 反置页表的哈希表或链表等数据结构如何优化算法效率？

思政教育价值：

这个课程思政案例不仅可以让学生了解反置页表的基本知识和设计思想，同时也可以引导学生思考信息共享的重要性，以及在实际应用中的应用场景。

5.4 段式存储管理

课程知识点内容

段式存储管理是一种内存管理方式，它将内存空间划分为多个逻辑上独立的段，每个段都有一个段名和段长度。每个进程都可以由若干个段组成，每个段可以存储不同类型的数据，如代码段、数据段和堆栈段等。

在段式存储管理中，每个进程都有自己的段表，段表中的每个表项对应一个段，其中包含段的起始地址、长度、访问权限等信息。进程访问内存时，首先根据指令中的段名在段表中查找对应的表项，然后根据表项中的段信息计算出实际的物理地址，最终进行内存访问。

5 存储管理课程思政教学案例设计

思政资源切入点

道德：在操作系统中，段式存储管理需要对计算机的内存资源进行合理的分配和利用，同时也需要保护用户进程的隐私和安全。因此，我们需要加强对学生的道德教育，培养他们尊重知识产权、遵守计算机伦理规范的道德观念。

法律：当进行段式存储管理时，需要考虑对进程的管理和保护，以及对计算机系统的安全维护等方面。因此，我们需要向学生介绍相关的法律法规和计算机安全法规，加强对计算机系统安全保护方面的教育。

社会：当进行段式存储管理时，需要考虑计算机内存资源的合理利用，避免浪费。同时，也需要考虑计算机系统对环境的影响。因此，我们需要加强对学生的环境保护和资源利用方面的教育，培养他们的社会责任感和环保意识。

学科交叉：段式存储管理涉及操作系统和计算机组成原理等学科知识，需要多学科交叉融合，培养学生的综合素养和跨学科思维能力。

课程思政案例

案例题目：虚拟班级的段式存储管理

案例内容：

在虚拟班级中，每个学生都有自己的学习资料和作业，如课本、笔记、练习册等。为了方便管理，班级管理员采用了段式存储管理技术，将每个学生的学习资料和作业都存储在对应的段中。每个段都有一个段号和段长，对应于学生的学号和学习资料的大小。

当学生需要访问自己的学习资料和作业时，系统会根据学号和偏移量来计算出相应的物理地址。而当管理员需要管理学生的学习资料和作业时，也可以通过段号和段长来查找和管理相应的段。

由于每个学生都有自己的学习资料和作业，采用段式存储管理技术可以更好地对学生的学习资料和作业进行管理和保护，防止学生之间的资料混淆和损坏。

思政教育价值：

（1）班级管理和个人管理的关系：采用段式存储管理技术可以更好地管

理班级中每个学生的学习资料和作业，但同时也需要考虑到个人隐私的保护和尊重。通过这个案例，可以引导学生思考班级管理和个人管理的关系，如何平衡二者的关系，实现班级管理和个人管理的有机结合。

（2）数据隐私保护的意义：学生的学习资料和作业属于个人隐私，需要得到保护。通过这个案例，可以引导学生认识到数据隐私保护的意义和重要性，学会如何合理保护自己的数据隐私，同时也学会尊重他人的数据隐私。

（3）技术应用的社会价值：段式存储管理技术是一种内存管理技术，可以应用于计算机系统和其他领域。通过这个案例，可以引导学生认识到技术应用的社会价值，学习如何合理应用技术，实现技术和社会的有机结合。

5.5 段页式存储管理

课程知识点内容

段页式存储管理是一种综合了段式存储管理和页式存储管理的内存管理技术。它将程序的逻辑地址分为两部分：段号和页号。段号用于定位程序中的逻辑段，而页号用于定位段中的逻辑页面。

在段页式存储管理中，每个进程拥有一个段表和一个页表，段表存储了该进程的逻辑段的信息，如段的起始地址和长度等；页表存储了每个逻辑页面对应的物理页面的信息，如物理页面的页框号和页面属性等。

当进程需要访问虚拟内存时，系统会根据虚拟地址中的段号和页号分别查找对应的段表项和页表项，以获取物理页面的地址。具体的访问过程是：首先根据虚拟地址中的段号找到段表项，然后根据段表项中的页表起始地址和页号找到页表项，最后通过页表项中的页框号和页内偏移量得到物理页面的地址。

思政资源切入点

技术发展和社会进步：通过介绍段页式存储管理的技术背景和发展历程，引导学生思考计算机技术的不断创新和发展如何推动社会进步，如何影响人类生产生活方式。

资源利用和环境保护：探讨操作系统内存管理的原则和方法，如何通过段页式存储管理技术有效地管理内存资源，提高资源利用效率，减少资源浪费，从而达到环境保护的目的。

技术应用和人文关怀：介绍段页式存储管理在实际应用中的应用场景和优势，以及如何在实际开发中合理使用该技术，同时也需要考虑人文关怀，如如何保障用户数据的安全性和隐私保护，如何合理平衡系统的性能和用户体验等问题。

国际交流和文化融合：介绍国际上相关的操作系统内存管理技术和标准，探讨不同国家和地区的文化差异和操作系统管理技术的差异，引导学生积极学习和参与国际交流，促进不同文化之间的融合和互相理解。

以上这些切入点可以在教学中适时融入，帮助学生理解和掌握段页式存储管理技术的同时，培养他们的人文关怀、环境保护意识及国际化视野。

课程思政案例

案例题目：虚拟现实技术中的内存管理

案例内容：

虚拟现实技术是一种将计算机生成的虚拟场景与现实世界相结合的技术。在虚拟现实应用中，内存管理对于实现流畅的虚拟场景具有重要作用。其中，段页式存储管理是一种用于虚拟现实中内存管理的常用技术。

虚拟现实中的场景通常可以分为多个"区域"，每个区域对应一个独立的"段"。每个段都可以被分成多个大小相等的"页"，每个页都对应一个独立的物理内存块。虚拟现实应用程序通过使用段页式存储管理技术来将虚拟地址空间映射到物理地址空间。

在虚拟现实应用中，物体的位置、旋转等参数需要频繁地变化，因此需要使用动态内存分配技术。同时，由于虚拟现实应用通常需要大量的内存空间，因此需要使用虚拟内存技术来将虚拟地址空间映射到物理地址空间，以避免内存空间不足的问题。

我们可以引导学生思考以下问题：

（1）虚拟现实技术对于现实生活有哪些影响？它有哪些应用领域？

（2）虚拟现实应用中的内存管理有哪些特点和问题？段页式存储管理是

如何解决这些问题的？

（3）动态内存分配技术在虚拟现实应用中有哪些应用？它有哪些优缺点？

（4）内存管理中的资源利用问题在虚拟现实应用中如何体现？我们应该如何合理利用内存资源？

（5）科技进步和社会发展之间有怎样的关系？我们应该如何看待科技发展带来的利弊？

思政教育价值：

本案例涉及虚拟现实技术和内存管理技术的应用，可以引导学生思考技术与现实生活的关系。同时，通过讨论虚拟内存技术的应用，可以启发学生对于科技进步与社会发展的思考。另外，通过介绍动态内存分配技术的应用，可以引导学生反思内存管理中的资源利用问题。

6 虚拟存储管理课程思政教学案例设计

6.1 虚拟存储器的引入

6.1.1 局部性原理

课程知识点内容

局部性原理表现在以下两个方面：

(1) 空间局部性。程序在执行时访问的内存储单元会局限在一个比较小的范围内。这反映了程序顺序执行的特性，也反映了程序顺序访问数据结构的特性。

(2) 时间局部性。程序中执行的某些指令会在不久后再次被执行，程序访问的数据结构也会在不久后被再次访问。产生时间局部性的原因是程序中存在着大量循环操作。

思政资源切入点

如何在计算机科学领域中理解和应用局部性原理，以提高计算机系统的性能和效率。

在软件开发中，如何合理设计数据结构和算法，以充分利用局部性原理，提高程序运行效率。

如何在教育教学中引导学生发扬局部性原理的精神，培养勤奋、踏实的学习和有计划学习和工作的习惯。

课程思政案例

案例题目：局部性原理中的思政元素

案例内容：

（1）给学生讲解空间局部性和时间局部性的基本概念和作用，结合实际例子，比如循环操作和数组等。

（2）让学生通过课程学习和自主搜索资料，了解在计算机系统中如何利用局部性原理来提高性能和资源利用率，比如缓存设计、虚拟内存等。

（3）引导学生讨论局部性原理的应用是否符合可持续发展的理念，探讨如何在保证性能提升的同时，减少对资源的浪费和环境的影响。

思政教育价值：

（1）培养学生关注科技创新与可持续发展的意识，引导他们在技术发展中思考如何平衡性能提升和资源利用之间的关系。

（2）引导学生了解计算机系统的组成和工作原理，提高他们的科技素养和计算机技术应用能力。

（3）培养学生探究问题、解决问题的能力，通过案例讨论和思辨，培养他们的创新思维和问题解决能力。

6.1.2 虚拟存储器

课程知识点内容

基于局部性理论，程序在执行时常常会局限于某一存储单元附近。一个进程在运行时，没有必要将其全部装入内存，而仅将当前要运行的那部分装入内存，其余部分暂时留在磁盘内。当进程访问不在内存的那部分程序和数据时，再将其调入内存。如果此时内存已满，无法装入新的程序和数据，可以将暂时不用的部分程序和数据置换出去，腾出内存空间后再将需要的调入内存，使进程能继续运行。这样一来，可以使一个很大的程序在一个比较小的内存空间上运行；也可以使内存中同时装入更多进程并发执行。从用户的角度看，系统具有的内存容量要比实际大得多，所以称为虚拟存储器。

6 虚拟存储管理课程思政教学案例设计

思政资源切入点

科学精神与创新意识：虚拟存储器的设计和实现，强调了科学精神和创新意识在计算机科学领域的重要性，也启示学生们在学习和实践中应该具备批判思维、创造性思维和开放性思维。

责任感和使命感：内存的有限容量限制了计算机程序的执行，需要进行数据置换，这对于操作系统的设计和实现提出了高要求，同时也要求计算机科学工作者具备责任感和使命感，不断优化计算机系统的性能和效率，满足人们对计算机应用日益增长的需求。

学术诚信和专业操守：内存的虚拟化给用户创造了假象，认为计算机系统具有更大的内存容量，但实际上是通过数据置换实现的，这也提醒我们要重视学术诚信和专业操守，在科研和工程实践中遵守规范和标准，不断提高自身的专业素养和职业道德水平。

社会责任和服务社会：计算机系统的设计和实现需要充分考虑用户的需求和利益，而内存的虚拟化技术为用户提供了更好的使用体验，也为社会带来了更多的便利和效益，这要求计算机科学工作者具备服务社会的意识和社会责任感，将技术创新应用于社会发展和进步中。

课程思政案例

案例题目：虚拟存储器的思政意义

案例内容：

随着计算机技术的不断发展，计算机内存的容量和速度不断提高，但是在某些情况下，仍然需要比实际内存容量更大的存储器空间，这就是虚拟存储器的应用场景。虚拟存储器的出现不仅提高了计算机的使用效率和资源利用率，还体现了人类在技术发展中对于资源的创新利用和优化配置。

假设您是一名计算机专业的大学教师，正在为计算机操作系统课程的思政教育部分设计案例。以下是为本案例设计的教学流程：

（1）首先，向学生介绍虚拟存储器的概念和应用，包括如何将当前需要的程序和数据装入内存，如何将不需要的部分程序和数据置换出去等。

（2）接着，提出以下问题：虚拟存储器对于计算机技术的发展和人类社会的进步有哪些重要意义？

（3）分组讨论：将学生分成小组，让他们在小组内自由讨论，探讨虚拟存储器的应用背景、优势和对计算机技术发展的影响。

（4）汇报讨论结果：让每个小组派代表向全班汇报他们的讨论结果和观点。教师要及时给予肯定和引导，激发学生的创新思维和综合分析能力。

（5）总结归纳：结合学生的讨论结果，教师进行总结和归纳，指出虚拟存储器的思政意义：它不仅反映了人类在技术发展中对于资源的创新利用和优化配置，也推动了技术发展和社会进步。

思政教育价值：

通过本案例的设计，学生能够掌握虚拟存储器的概念和应用，了解其对计算机技术发展和人类社会进步的重要意义，培养学生的创新思维和综合分析能力，进一步提高学生的综合素质和思想道德水平。

6.1.3 虚拟存储器的特征

课程知识点内容

虚拟存储器具有以下重要特征：

（1）离散性。

（2）多次性。

（3）对换性。

（4）虚拟性。

思政资源切入点

离散性：这个特征可以引发对于资源管理和分配的思考，如何在资源有限的情况下合理分配和利用资源，如何保证资源的公平、公正分配。

多次性：这个特征可以引发对于时间管理和规划的思考，如何在时间有限的情况下合理安排时间，如何提高效率、降低压力。

对换性：这个特征可以引发对于变革和创新的思考，如何在困境中寻找突破口，如何改变现状，如何适应环境变化。

虚拟性：这个特征可以引发对于现实和虚拟的思考，如何看待虚拟现实对于人类社会的影响，如何在虚拟世界中保持真实性和遵守道德准则，如何平衡虚拟和现实的关系。

课程思政案例

案例题目：虚拟存储器的思政教育意义

案例内容：

某高校计算机系的学生小李在学习操作系统时，深入了解了虚拟存储器的特点：离散性、多次性、对换性、虚拟性。他对此感到非常惊讶，因为他从未想过一个实体的东西可以具有虚拟性。他开始思考虚拟存储器的思政教育意义，特别是对自己成长和发展的影响。

小李通过思考和交流后，得出以下结论：

（1）离散性教育我们应该学会"分而治之"的思想，将问题分解成更小、更易处理的问题，提高问题解决的效率和准确性。

（2）多次性教育我们应该具有持之以恒、不断探索的精神，通过不断尝试、反思和改进，不断提高自己的技能和能力。

（3）对换性教育我们应该学会变通、灵活应对，当遇到困难时，不要停滞不前，而应该思考如何通过替代方案、调整策略等方式来解决问题。

（4）虚拟性教育我们应该学会超越现实的限制，通过创新和技术手段来扩展自己的能力和资源，不断探索更广阔的世界。

思政教育价值：

通过学习虚拟存储器的特点，我们可以从多个方面思考和理解其中的思政教育意义。首先，离散性是培养我们的逻辑思维和分析能力的重要途径。其次，多次性是实现个人价值和社会价值的重要保证。再次，对换性是培养我们应对变化和挑战能力的重要途径。最后，虚拟性是培养我们创新技术与探索未来能力的重要途径。

6.2 请求页式存储管理

6.2.1 请求页式存储管理系统的实现

课程知识点内容

请求页式管理系统中需要的主要数据结构仍旧是页表，它的基本功能是将用户地址空间的逻辑地址转换为内存空间的物理地址。由于请求页式管理系统的特殊要求，页表的内容需要扩充。

思政资源切入点

科技创新与社会发展：介绍请求页式管理系统的基本原理和作用，让学生了解在操作系统中如何通过页表实现地址转换。同时，也可以引导学生思考请求页式管理系统的出现对计算机技术和应用的推动作用。

计算机系统与网络安全：让学生了解页表在计算机系统中的重要作用，同时也可以介绍页表扩充的需求和原因。引导学生思考内存管理的安全问题，思考如何通过页表来实现内存安全控制和保护。

工程伦理与职业素养：让学生了解在操作系统开发和设计过程中，需要考虑到系统的可扩展性和可维护性。同时，也可以引导学生思考在操作系统设计和开发中的职业道德和伦理问题，思考如何保证操作系统的质量和可靠性，确保用户数据的安全和隐私。

课程思政案例

案例题目：操作系统中的页表扩充

案例内容：

某大学计算机科学与技术专业的学生小李，在操作系统课上学习了页表的概念和作用，同时也了解了页表的扩充知识。他很好奇，为什么页表需要扩充呢？

6 虚拟存储管理课程思政教学案例设计

经过教师的讲解，小李了解到请求页式管理系统需要将用户地址空间的逻辑地址转换为内存空间的物理地址，而这个过程需要依靠页表来完成。由于现代操作系统的进程空间非常大，页表的大小也会随之增加，而传统的页表需要连续的内存空间存储，会导致内存空间的浪费和碎片问题。因此，页表需要扩充以解决这些问题。

扩充页表的方式有很多种，比如分层页表、倒排页表、哈希页表等。这些方式的实现原理和优缺点都不同，需要根据具体情况选择合适的方式。

思政教育价值：

通过学习页表的扩充，可以引导学生思考如何通过优化数据结构的设计来提高计算机系统的性能和可靠性。同时，也可以让学生了解计算机系统的存储管理问题和解决方案，提高他们的系统思维和解决问题的能力。此外，页表的扩充还涉及计算机系统的资源管理和内存分配问题，可以引导学生思考如何在有限的资源下实现最优的资源分配和利用，培养他们的节约意识和资源管理能力。

课程知识点内容

在请求页式管理系统中，当要访问页的页表项中的状态位为 0 时，就表明该页不在内存，便产生一缺页中断，请求操作系统将所缺页调入内存。缺页中断是一种比较特殊的中断，这主要体现在以下两个方面：

（1）在指令执行期间产生和处理中断信号。通常的 CPU 外部中断是在每条指令执行完毕后去检查是否有中断请求到达，而缺页中断是在指令执行期间发现所要访问的指令或数据不在内存时产生和处理。

（2）一条指令执行期间可能发生多次缺页中断。例如，一条双操作数的指令在执行时，指令本身、两个操作数都有可能不在内存，此时可能发生 3 次缺页中断。基于这些特性，系统中的硬件机构应能保存多次中断时的状态，并保证最后能返回中断前产生缺页中断的指令处继续执行。

思政资源切入点

技术与社会：缺页中断是计算机操作系统中重要的机制之一，它使虚拟内存成为可能，使操作系统能够更加高效地管理内存资源。这种机制应对计算机运行时内存资源不足的挑战的过程，也让我们思考，在现实生活中，我们应如何应对资源匮乏的问题，如何提高资源利用率和效率，以及如何在资源不足的情况下保持良好的工作状态等问题。

创新与发展：缺页中断的实现涉及计算机系统的硬件和软件两个方面，需要运用多种技术手段，如中断机制、页面置换算法、内存管理策略等。这些技术手段不断地得到改进和完善，以适应不同的计算机环境和应用需求，这启示我们要不断地学习和探索新技术，推动技术创新和发展，为社会进步和人类福祉做出贡献。

责任与担当：缺页中断是操作系统必不可少的一部分，要确保它的正常运行，需要操作系统开发人员具有高度的责任感和担当精神。他们必须不断优化操作系统的性能和稳定性，保障系统的安全和可靠性，为用户提供更好的使用体验。这提示我们在工作和生活中要，始终以用户为中心，为人类社会的发展进步做出贡献。

课程思政案例

案例题目：缺页中断机制中的思想与职业生涯规划

案例内容：

这种缺页中断机制在计算机系统中具有重要的作用，能够提高系统的性能和可靠性。类比职业生涯规划，我们也会遇到各种"缺页中断"，如面对新的技术、新的工作领域、新的团队合作等，我们需要不断地学习和适应，以应对未来的挑战。而在这个过程中，我们也需要具备类似缺页中断机制的特点，即快速反应、持续学习、多重任务管理等。只有这样，才能在职场中获得成功。

思政教育价值：

通过对缺页中断机制的理解和类比，可以帮助学生建立正确的职业生涯规划观念，了解在职场中需要具备的核心素养和能力，如快速学习、适应变化、解决问题等。同时，也可以引导学生正确认识挑战和机遇的关系，积极应对职业生涯中的不确定性和风险。通过这种思政教育，可以培养学生的职业素养和职业担当，为其未来的职业发展奠定良好的基础。

6 虚拟存储管理课程思政教学案例设计

课程知识点内容

请求页式存储管理系统的地址变换机构是在页式存储管理系统的基础上为实现虚拟存储器而增加某些功能所形成的，增加的功能有产生和处理缺页中断、从内存换出一页和调入一页。

思政资源切入点

技术与伦理的关系：讲解地址变换机构时，可以探讨技术发展带来的利弊，技术应该如何发展才能最大限度地发挥其社会效益，并且避免对人类生活和社会发展造成负面影响。

系统优化与效率：探究地址变换机构对于系统效率的重要性，如何优化地址变换机构的设计，提高系统性能和响应速度。

国家安全与信息安全：讲解地址变换机构在保障国家安全和信息安全方面的作用，探讨如何通过技术手段来保障国家安全和信息安全，以及技术本身如何受到保护。

人工智能与计算机科学：探讨地址变换机构在人工智能、机器学习等领域的应用，以及计算机科学如何推动人工智能技术的发展。同时，可以从哲学层面探讨人工智能对人类的影响，如何引导人工智能的发展方向。

课程思政案例

案例题目：虚拟存储与社会责任

案例内容：

随着计算机技术的飞速发展，现代计算机系统越来越需要应对巨大的数据量和复杂的应用需求。而虚拟存储作为一种重要的存储技术，为计算机系统提供了更加灵活和高效的存储管理方式。然而，虚拟存储的应用也引发了一系列社会责任问题。

一方面，虚拟存储技术的应用使得计算机系统的内存管理更加高效，可以允许更多的程序同时运行。这不仅提高了计算机系统的使用效率，也使计算机应用在科学、教育、医疗等领域发挥了更大的作用。但另一方面，虚拟存储也加剧了计算机对于硬件资源的需求，增加了计算机能源的消耗和碳排放，对环境造成了更大的压力。

此外，虚拟存储的应用也带来了一些安全和隐私方面的问题。虚拟存储使计算机可以将内存中的数据存储到磁盘中，这样就可能导致敏感信息泄露。如果虚拟存储的实现不够安全，就有可能被黑客攻击，造成更严重的安全问题。

思政教育价值：

通过本案例，可以让学生了解虚拟存储技术的优点和应用，同时提醒学生应该关注虚拟存储技术的潜在问题和风险。通过深入探讨虚拟存储技术的应用背景和实现机制，引导学生深刻理解计算机系统对硬件资源的需求和对环境的影响，增强学生的环保意识。同时，也让学生认识到安全和隐私保护在计算机系统中的重要性，提高学生的安全意识和风险意识。

6.2.2 请求页式存储管理驻留集管理

课程知识点内容

对于请求页式存储管理系统，进程在运行时没有必要将其所有页调入内存。因此操作系统必须确定将进程的多少页调入内存。在确定这个数量时，有以下几个因素需要考虑：

（1）分配给一个进程的在内存中的存储块数越小，驻留在内存中的进程数就越多。

（2）如果一个进程在内存中的存储块数比较少，则缺页率相对较高。

（3）进程在内存中的存储块数达到一定数量后，根据局部性原理，即使给进程分配更多的存储块数，该进程的缺页率也不会明显改善。

思政资源切入点

在计算机系统设计中，存储器资源是有限的，操作系统需要考虑如何优化存储器的使用效率。在分配给进程的存储块数方面，需要在保证系统运行效率和用户体验的前提下，兼顾存储器资源的利用率和进程缺页率的平衡。

6 虚拟存储管理课程思政教学案例设计

课程思政案例

案例题目：如何平衡进程驻留内存数和缺页率

案例内容：

假设你是一名操作系统研发工程师，负责设计一个请求页式存储管理系统。在系统设计过程中，你需要确定给一个进程分配多少个存储块。

在实际应用中，操作系统需要在不同的应用场景下平衡进程驻留内存数和缺页率。例如，在一个需要同时运行多个应用程序的系统中，每个应用程序需要分配到足够的内存块，以保证应用程序的运行。但是，过多的进程驻留内存会导致缺页率增加，从而影响系统的性能。因此，需要平衡进程驻留内存数和缺页率，以提高系统的性能。

思政教育价值：

本案例涉及如何平衡系统性能和用户体验的问题。在操作系统的设计过程中，需要权衡各种因素，以达到最优的设计方案。这个过程涉及许多思想方法，如系统思考、多方位思考、权衡取舍、系统优化等。通过学习本案例，学生可以理解并运用这些思想方法，以便更好地解决实际问题。同时，本案例还涉及信息管理、资源配置等方面的问题，可以帮助学生提高资源管理和协调能力。

课程知识点内容

分配内存时，应给进程分配一定数量的存储块数，具体实施时有以下两种策略：

（1）固定分配策略。在内存为进程分配固定的存储块数，这个数目在进程创建时确定，具体的数量可以根据进程的类型确定或由操作员根据经验确定。进程开始运行后，一旦发生缺页，该进程在内存中的某页将被换出，换入需要的页。进程在内存中的存储块数一直保持不变。

（2）可变分配策略。指分配给进程的存储块数在该进程生命周期内不断地发生变化。如果一个进程的缺页率比较高，则再额外分配给它一些存储块，以减少缺页率。反之，如果一个进程的缺页率特别低，可以在不明显增加其缺页率的基础上减少分配给它的存储块数。

思政资源切入点

在操作系统中，对于分配给进程的存储块数的决策，涉及进程的缺页率、内存资源的利用效率及用户体验等多方面因素。因此，通过探究操作系统的存储管理机制，可以引发学生对于如何在资源有限的情况下，合理分配资源的思考。同时，也可以引导学生思考资源分配背后所涉及的道德和伦理问题，以及资源公平分配的社会价值。

课程思政案例

案例题目：驻留集分配策略的思政元素

案例内容：

某高校为了更好地管理其计算机实验室，需要运用操作系统的存储管理机制来控制每个学生的计算机程序使用的内存资源。学校面临的挑战是如何在有限的内存资源下，同时保证每个学生的计算机程序运行的稳定性和效率。

为了解决这个问题，学校决定对计算机实验室的操作系统进行升级，从而实现对于学生程序内存使用的分配。在此过程中，学校考虑了固定分配策略和可变分配策略两种方案，而最终选择哪种方案需要考虑内存资源的利用效率和学生程序运行的效率之间的平衡。

思政教育价值：

通过这个案例，可以引导学生从实际问题出发，深入探究操作系统存储管理机制的原理和策略，引发学生对于如何合理利用资源、如何平衡资源利用效率和用户体验等问题的思考。同时，也可以引导学生思考资源分配的公平性和社会价值等方面的问题。

课程知识点内容

驻留集管理的换入换出策略有3种，分别是：

(1) 固定分配、局部置换。

(2) 可变分配、全局置换。

(3) 可变分配、局部置换。

6 虚拟存储管理课程思政教学案例设计

思政资源切入点

技术创新与社会发展：随着计算机技术的发展和广泛应用，操作系统的性能和效率对于整个计算机系统的稳定性和用户体验至关重要。驻留集管理策略的设计是对于这一需求的技术创新，可以启发学生对于技术发展和社会需求的认识和思考。

责任与担当：操作系统作为计算机系统的核心组成部分，其性能和效率直接关系整个系统的运行情况。驻留集管理策略的选择和设计需要考虑多个因素，需要系统设计者承担起责任，确保系统的稳定性和用户体验。这可以启发学生对于责任和担当的理解和认识。

多样性与适配性：针对不同的应用场景和要求，操作系统需要选择不同的驻留集管理策略。这种多样性和适配性可以启发学生对于多样性和适应性的认识和理解，以及在实际应用中如何选择最优策略的能力。

公平与合作：驻留集管理策略的设计需要考虑多个进程的需求和资源的限制，以实现公平和合作的目标。这可以启发学生对于公平和合作的理解和认识，以及如何在竞争和合作中达成共赢。

课程思政案例

案例题目：驻留集管理策略对系统性能的影响

案例内容：

学生将从操作系统中的驻留集管理策略对系统性能的角度进行分析。驻留集是指当前在内存中的页面集合。操作系统需要管理驻留集的大小和内容，以最大程度地利用内存资源并保持较低的缺页率。

对于固定分配和局部置换策略，学生将讨论如何确定驻留集的大小，以及如何在进程间进行合理的内存分配和页面置换。他们会发现这种策略可以提供良好的局部性，但是在系统负载变化时可能无法最大化内存利用率。

对于可变分配和全局置换策略，学生将讨论如何根据系统负载的变化动态调整驻留集的大小，以及如何决定何时进行页面置换。他们将发现这种策略可以最大化内存利用率，但可能会导致全局性的置换开销和较高的缺页率。

对于可变分配和局部置换策略，学生将讨论如何根据进程的内存需求动态调整驻留集的大小，并实时监测缺页率以决定何时进行页面置换。他们将发现这种策略可以最大化内存利用率和减少缺页率，但是可能需要更多的操作系统开销和监控。

思政教育价值：

学生将从操作系统的内部实现和性能优化的角度了解如何管理内存资源以提高系统性能。他们将发现不同的驻留集管理策略具有不同的优缺点，并掌握如何在特定情况下选择最适合的策略。同时，他们将学习如何平衡不同的设计需求，如内存利用率、缺页率、全局性开销和操作系统开销。这将有助于他们在今后的软件开发和系统优化中做出更好的设计决策。

6.2.3 请求页式存储管理的页面置换算法

课程知识点内容

请求页式存储管理的常用置换算法有最佳置换算法、先进先出置换算法、最近最久未使用置换算法和时钟置换算法。

思政资源切入点

以上内容包含的课程思政内容包括操作系统中的资源管理、算法设计与优化、性能分析与评价等方面。在操作系统中，内存管理是非常重要的一个方面，需要通过有效的置换算法来管理内存中的页面。各种置换算法的设计与优化是操作系统研究和应用的重要领域之一，需要考虑算法的复杂度、效率和公平性等问题。同时，对于不同置换算法的性能进行评价和比较，可以帮助我们了解不同算法的优缺点，为系统性能优化提供依据。因此，以上内容涵盖了操作系统中的多个方面，具有丰富的思政教育价值。

课程思政案例

案例题目： 如何选择合适的页面置换算法？

案例内容：

某操作系统的开发团队正在设计一个合适的页面置换算法。团队成员分别提出了最佳置换算法、先进先出置换算法、最近最久未使用置换算法和时钟置换算法共4种置换算法。其中最佳置换算法根据页的下一次访问时间进行置换；先进先出置换算法根据页调入内存的时间进行置换；最近最久未使用置换算法根据页最近的使用情况进行置换；时钟置换算法通过检查页表中的"访问位"（一个记录页面是否被访问过的标志位）来判断哪些页面应该被置换。这4种置换算法均有其优点和局限性，选择何种算法需要根据实际应用场景进行考虑。

思政教育价值：

本案例涉及操作系统中的页面置换算法，对学生了解计算机操作系统的基础知识、了解页面置换算法的原理与实现方式具有重要意义。同时，通过本案例，可以引导学生了解如何在实际应用场景中选择合适的算法，培养学生的实践操作能力和创新思维能力。此外，通过分析各种置换算法的优缺点，引导学生思考科技应用与社会发展之间的关系，进一步提高学生的思辨能力和创新精神。

6.2.4 请求页式存储管理系统的性能

课程知识点内容

所谓驻留集，是指在某段时间间隔内进程要访问的页面集合。

请求页式存储管理系统中，驻留集是指进程在内存中占用的一部分页面。进程的所有页面都被存储在外存中，当进程需要访问某个页面时，操作系统将其调入内存。但是，操作系统无法将进程的所有页面都调入内存，因此需要选择一部分页面组成进程的驻留集，以便进程在运行时能够访问到这些页面。

驻留集的大小是由操作系统动态确定的，它受到可用内存大小的限制，以及受到进程的工作集大小、局部性原理等因素的影响。

思政资源切入点

计算机系统对资源的分配和管理涉及公平、高效、可持续等方面的价值观，这与社会主义核心价值观中"公正、公平、公开"等方面密切相关。

驻留集的动态确定体现了操作系统的智能化和自我调节能力，这体现了信息技术发展带来的科技创新、创新驱动发展等方面的价值观。

驻留集的大小会影响进程的运行性能，这与科学发展观中注重效率、协调发展等方面密切相关。

进程的工作集大小、局部性原理等因素的影响反映了数据处理和存储的本质，这与人民对信息技术的需求和应用密切相关。

请求页式存储管理系统中的资源分配和管理策略，例如，驻留集的大小动态调整等，需要综合考虑不同因素之间的关系，体现了系统思维、综合思考等方面的价值观。

课程思政案例

案例题目： 操作系统中的驻留集大小对系统性能的影响

案例内容：

学生在操作系统课程中学习了请求页式存储管理系统中驻留集的概念和基本知识，了解到驻留集的大小会影响系统性能。教师引导学生讨论驻留集大小对系统性能的影响因素，并结合实际案例分析讨论。

（1）教师引导学生讨论影响驻留集大小的因素，如可用内存大小、进程的工作集大小、局部性原理等，并让学生自行收集相关实例。

（2）学生结合实例，讨论不同驻留集大小对系统性能的影响。教师引导学生关注系统的各项性能指标，并督促学生对不同因素进行量化分析。

（3）学生通过对实例的分析，探讨驻留集大小的合理分配和调整策略，比如固定分配、可变分配等，从而提高系统的性能表现。

（4）学生根据实际情况，进行小组讨论并形成调研报告，分享归纳经验和总结，培养实际问题解决能力和团队合作意识。

（5）教师引导学生从思政教育的角度分析问题，关注合理分配和公平性问题，强调诚信和责任意识等方面的问题。

思政教育价值：

本案例能够让学生了解操作系统中的驻留集及其在系统性能中的作用，引导学生思考驻留集大小的合理分配和调整，培养学生解决实际问题和建立科学思维的能力，同时也有助于引导学生形成良好的工作态度和团队合作意识。

6　虚拟存储管理课程思政教学案例设计

通过本案例的设计和实施，可以使学生在理论和实践中获得操作系统的相关知识，同时也能够在解决实际问题的过程中培养学生的创新精神、实际问题解决能力和团队协作精神，提高学生的综合素质和思政教育质量。

课程知识点内容

在多道程序环境中，应尽量提高多道程序的道数，以提高系统的吞吐量。事实上，任何事情都是有限度的，不适当地提高多道程序的道数，不仅不会提高系统的吞吐量，反而会使其降低。而且因为内存中进程过多，将会出现"抖动"现象。

思政资源切入点

如何合理分配系统资源，平衡系统的性能和稳定性？
怎样处理系统中多道程序的道数，以提高系统的吞吐量？
为什么过多的进程会导致"抖动"现象，应该如何避免它？
如何在计算机系统的资源管理和优化中遵循可持续发展原则，以实现经济、社会和环境的可持续性？
如何在计算机系统的设计和运营中考虑公平、公正和公开等社会价值，实现技术创新和社会进步的有机融合？
如何在计算机系统的安全管理和风险控制中注重道德和伦理问题，确保技术发展和人类福祉相辅相成？
如何在计算机系统的性能测试和评估中，考虑到数据隐私、信息安全和人类尊严等关键价值，确保技术的合法性和人文关怀的有效性？

课程思政案例

案例题目：抖动现象与资源管理

案例内容：

在某高校的计算机实验课程中，学生需要完成一个模拟多道程序环境的实验。在实验过程中，一些学生发现当他们不断增加多道程序的道数时，系统的吞吐量并没有提高反而下降了，同时出现了明显的"抖动"现象。经过分析，他们发现是由于内存中进程过多导致的。教师引导学生思考，合理地提高多道程序的道数，需要充分考虑内存资源的使用，不能盲目追求吞吐量的提高。

思政教育价值：

本案例可以引导学生思考资源的有限性和资源管理的重要性。在现实生活中，资源的分配和使用是一个重要的社会问题，需要合理分配和使用有限的资源，以满足不同领域的需求。通过本案例，学生可以深入了解资源管理的原理和方法，进一步加强对资源的珍惜和合理利用的认识，培养学生的资源管理意识和责任感。同时，学生也可以通过实验，提高解决问题的能力和团队协作精神。

6.3 请求段式存储管理

课程知识点内容

请求段式存储管理是虚拟存储管理中的一种方式，它将进程所需要的地址空间分成多个段，每个段对应着不同的功能模块，如代码段、数据段、堆栈段等。当进程执行时，只有当前需要的段会被调入内存，而其他段保留在外存中。当进程访问一个尚未调入内存的段时，操作系统会根据需要将该段调入内存，以满足进程的访问需求。

请求段式存储管理中，每个段都被分成多个页，页是最小的存储单位。操作系统会根据进程的需求将页面调入内存，并将其映射到段中的相应位置。由于段的大小不同，因此每个段的页数也不同，操作系统需要动态地调整每个段所占用的内存大小。

请求段式存储管理可以提高内存的利用率和系统的响应速度，同时也避免了内存浪费和碎片问题。

思政资源切入点

讲述请求段式存储管理的基本知识，可以引导学生思考如何合理利用内存资源，以提高系统的响应速度和吞吐量。这有助于培养学生的节约意识和创新意识。

6 虚拟存储管理课程思政教学案例设计

强调动态调整每个段所占用的内存大小的重要性，可以引导学生思考如何根据进程的需求和系统的实际情况来调整内存的分配，以避免内存浪费和碎片问题。这有助于培养学生的创新思维和解决问题的能力。

强调请求段式存储管理可以提高内存的利用率和系统的响应速度，可以引导学生思考如何在实际工作中合理地选择存储管理方式，以提高系统性能和用户体验。这有助于培养学生的实践能力和创新能力。

强调操作系统会根据进程的需求将页面调入内存，并将其映射到段中的相应位置，引导学生思考操作系统如何管理和调度进程的内存，以及如何避免内存泄露和安全问题。这有助于培养学生的安全意识和创新思维。

课程思政案例1

案例题目：虚拟存储管理中的请求段式存储管理
案例内容：
预习环节：
（1）学生自学虚拟存储管理的基本概念和原理，包括什么是虚拟存储、虚拟存储管理的主要目的和实现方法等。
（2）学生自学请求段式存储管理的基本概念和原理，包括请求段式存储管理的定义、内存和外存之间的页面映射关系等。
（3）学生观看有关请求段式存储管理的视频讲解，了解请求段式存储管理的优点和不足，以及与其他虚拟存储管理方式的比较。
课堂环节：
（1）教师介绍请求段式存储管理的基本原理和实现方式，并与学生一起探讨其优点和不足。
（2）教师让学生进行小组讨论，分析请求段式存储管理与其他虚拟存储管理方式的异同，并总结出各自的适用场景和优缺点。
（3）学生进行课堂练习，通过操作系统模拟器模拟请求段式存储管理的工作流程，体验进程请求页面调入内存的过程，并理解内存中的页面与外存中的页面之间的映射关系。
（4）教师带领学生进行案例分析，讨论请求段式存储管理在实际应用中的案例，并从中发现请求段式存储管理所涉及的道德和社会问题，引导学生思考信息技术对社会和人类发展的影响。

课后环节：

（1）学生进行课后作业，包括查阅相关文献和资料，进一步了解请求段式存储管理的实际应用和发展趋势。

（2）学生进行反思和总结，回答提出的问题，如请求段式存储管理对于内存利用率的提高有何影响？请求段式存储管理存在哪些问题和挑战？如何解决这些问题和挑战？

（3）教师进行回顾和评估，对学生的学习效果进行评估和总结，并提出改进意见和建议。

思政教育价值：

（1）培养学生的信息技术素养和道德观念，引导学生积极使用信息技术，遵守信息技术相关法律法规，防范信息安全风险。

（2）增强学生的创新精神和创新能力，引导学生关注知识产权保护问题，尊重知识产权，积极创新。

（3）培养学生的社会责任感和公民意识，引导学生关注信息技术对社会和人类发展的影响，积极参与社会公益活动，推动信息技术和社会的和谐发展。

课程思政案例2

案例题目： 请求段式存储管理中的内存优化策略

案例内容：

某公司正在开发一款高性能的网络应用程序，为了保证程序的运行速度和稳定性，需要使用虚拟存储技术来管理内存。其中，请求段式存储管理是一种比较优秀的技术方案。为了进一步提高内存的利用率和系统的响应速度，该公司需要优化内存调度策略。请你作为公司的技术顾问，为该公司提供以下建议：

（1）了解进程的内存需求。当进行内存调度时，需要了解当前进程的内存需求，以便更好地控制内存的使用情况。例如，如果当前进程需要大量的内存空间，应该优先将该进程所需的页调入内存，以避免内存抖动的问题。

（2）动态调整段的大小。当进行内存分配时，应该根据不同段的大小，动态调整每个段所占用的内存大小。例如，对于代码段和数据段等不需要太多内存的段，可以分配较小的内存空间，以节省内存资源。

（3）合理利用页面置换算法。当进行页面置换时，应该根据当前内存使用情况，选择合适的页面置换算法，以提高系统的响应速度和内存利用率。例如，可以使用最近最少使用（LRU）算法来进行页面置换，以保证经常被访问的页面能够被保留在内存中，从而提高系统的性能。

思政教育价值：

本案例可以引导学生了解请求段式存储管理的基本知识和内存优化策略，培养学生的计算机操作技能和实际问题解决能力，同时也能提高学生的科技创新意识。此外，本案例还涉及内存资源的合理利用和内存管理的道德问题，有助于学生形成正确的价值观念和社会责任感。

7

设备管理课程思政教学案例设计

7.1 I/O 管理概述

7.1.1 I/O 管理的功能

课程知识点内容

I/O 管理要达到的目标有以下几方面：

(1) 选择、分配及控制 I/O 设备，以便能进行数据传输工作。

(2) 为用户提供一个统一友好的接口，把用户与设备的硬件特性分开，用户与实际使用的具体物理设备无关，操作系统统一管理各种各样的物理设备。

(3) I/O 管理软件的层次结构。

(4) 高效率。

思政资源切入点

社会责任感：I/O 管理对于提高计算机系统的效率和性能具有重要意义，而优化 I/O 管理需要考虑到对硬件设备和软件资源的充分利用，同时也需要关注对环境和社会的影响，包括能源消耗、电磁辐射等问题，学生可以思考如何在追求高效率的同时承担社会责任。

创新精神：为了提高计算机系统的性能和效率，I/O 管理需要不断进行优化和改进，包括研发新的设备和技术，设计新的算法和协议等。学生可以思考如何发挥自己的创新精神，为 I/O 管理的优化做出贡献。

合作与团队精神：I/O 管理涉及多个方面，包括硬件设计、软件开发、算法设计等，需要不同领域的专业人才协作完成。学生可以思考如何发挥自己的团队精神，与不同专业领域的人才合作，共同完成 I/O 管理的优化和改进。

道德规范：在 I/O 管理的过程中，需要考虑到对用户和数据的保护，遵循合法合规的规定和标准，同时也要考虑数据隐私和信息安全等问题。学生可以思考如何遵循道德规范，保护用户和数据的权益，构建安全可靠的 I/O 管理系统。

课程思政案例

案例题目：I/O 管理与信息技术的可持续发展
案例内容：

介绍 I/O 管理的目标及在实际应用中的具体实现方式，包括 I/O 设备的选择、分配和控制、提供友好的接口、I/O 管理软件的层次结构等。然后，探讨 I/O 管理对于信息技术可持续发展的重要性，包括如何提高 I/O 设备的能效、减少电子废物的产生等。

思政教育价值：

通过学习 I/O 管理，学生可以了解操作系统如何控制和管理各种不同类型的 I/O 设备，以及如何提供友好的接口，使用户和应用程序可以方便地访问这些设备。此外，学生还可以深入了解信息技术的可持续发展问题，包括如何提高 I/O 设备的能效、减少电子废物的产生等，从而培养学生的环境意识和社会责任感，引导学生思考如何在信息技术领域推进可持续发展。

7.1.2　I/O 硬件组成

课程知识点内容

不同规模的计算机系统，其 I/O 系统的结构是不同的。通常把 I/O 系统的结构分成微机 I/O 系统和主机 I/O 系统。

7 设备管理课程思政教学案例设计

思政资源切入点

技术发展带来的社会变革：微型计算机的出现推动了个人计算机的普及和信息化的快速发展，而主机 I/O 系统的复杂结构则反映了企业级计算机的应用场景和需求。

技术的合理应用：通过比较微机 I/O 系统和主机 I/O 系统的不同，引导学生思考如何根据实际需求和资源分配合理地选择和设计 I/O 系统结构，避免资源浪费和性能瓶颈。

涉及的道德和社会问题：随着信息技术的发展，人们对信息安全、个人隐私等问题越来越关注。可以引导学生思考如何在 I/O 系统设计中考虑这些问题，保障信息安全和个人隐私。

课程思政案例

案例题目：微机 I/O 系统和主机 I/O 系统的区别与联系

案例内容：

随着计算机技术的发展，不同规模的计算机系统出现了不同的 I/O 系统结构。微机 I/O 系统和主机 I/O 系统是两种常见的 I/O 系统结构，它们之间有着明显的区别和联系。微机 I/O 系统通常采用 I/O 映射方式，将 I/O 设备映射到内存空间的一部分，从而实现对 I/O 设备的访问；而主机 I/O 系统通常采用 I/O 端口方式，将 I/O 设备的地址直接映射到 I/O 端口，通过向 I/O 端口发送指令和数据来访问 I/O 设备。此外，微机 I/O 系统一般采用中断方式来处理 I/O 设备的输入/输出请求，而主机 I/O 系统一般采用 DMA 方式来实现高速数据传输。

思政教育价值：

通过对微机 I/O 系统和主机 I/O 系统的区别与联系的讲解，可以引导学生思考计算机系统发展的历程，了解不同阶段计算机系统的特点和优劣，进一步认识科技发展与社会进步的关系。同时，也可以引导学生思考科技应用过程中所涉及的技术、法律、道德等方面的问题，提高学生的综合素养和社会责任感。

7.1.3　I/O 设备

课程知识点内容

按设备进行信息交换的单位，I/O 设备可以分成块设备和字符设备。

思政资源切入点

科技与人文关系：探讨计算机技术的发展如何与人文关系相互作用，引导学生思考科技的价值和意义。

人机关系：探究人与计算机之间的关系，引导学生了解计算机如何为人类服务。

信息安全：探讨信息安全对于计算机系统的重要性，引导学生了解如何保护自己的隐私和信息安全。

课程思政案例

案例题目：块设备与字符设备的区别及其对计算机系统的影响

案例内容：

块设备和字符设备是两种不同的 I/O 设备类型。块设备以固定大小的块为单位进行数据传输，比如硬盘、光驱等；而字符设备以字符为单位进行数据传输，比如，键盘、鼠标、打印机等。块设备和字符设备的区别影响了计算机系统的性能和安全性。

块设备的优点是可以通过缓存和预读取技术提高数据传输速度和系统性能，但也存在安全风险，因为块设备可以被直接访问和修改。而字符设备较为安全，因为其传输数据是以字符为单位，需要经过一定的转换和处理，同时也难以进行缓存和预读取，导致传输速度较慢。

思政教育价值：

本案例涉及计算机系统中的技术、安全性和人机关系等多个方面。通过本案例，可以引导学生思考计算机技术的发展如何与人文关系相互作用，并探究计算机对人类的服务方式和机制。此外，本案例还可以引导学生了解信息安全对于计算机系统的重要性，增强学生的信息安全意识和保护个人信息的能力。

7.1.4 设备控制器

课程知识点内容

I/O 设备一般由机械和电子两部分组成。通常将这两部分分开处理，以提供更为模块化、更通用的设计。机械部分就是设备本身。电子部分称为设备控制器（Controller）或适配器（Adapter）。设备控制器用于管理端口、总线或设备，实现设备主体（机械部分）与主机之间的连接与通信。

思政资源切入点

技术发展与社会价值：随着计算机技术的不断发展，I/O 设备的机械部分和电子部分分开处理，模块化和通用化的设计成为趋势。这种设计方式不仅可以提高计算机系统的可维护性和可扩展性，而且可以促进设备之间的互联和交互，进一步推动信息技术的应用和发展，对社会产生了积极的影响。

技术应用与人文关怀：I/O 设备的设计不仅涉及计算机技术，还涉及机械工程、电子工程等学科。而这些学科的发展离不开人的创造力和勤奋努力，体现了人类的智慧。同时，这种设计方式的普及和应用，也为人们提供了更便捷、更高效、更舒适的信息交互方式，为人们的生活和工作带来了极大的便利和帮助，这体现了运用信息技术对人类社会的贡献和关怀。

课程思政案例

案例题目：设备控制器的作用与思政价值

案例内容：

设备控制器是 I/O 设备的重要组成部分，用于管理端口、总线或设备，实现设备主体（机械部分）与主机之间的连接与通信。通过引导学生了解设备控制器的工作原理，了解其在 I/O 系统中的作用与重要性，以及其对计算机系统性能和应用的影响。

同时，探讨计算机技术和信息技术在社会发展中的作用和影响，以及伴随着计算机技术和信息技术的迅速发展而出现的社会、经济、环境和伦理等方面的问题。引导学生思考技术与人文的关系，认识科技发展对社会和人类生活的深远影响，以及学生应该如何在日常学习和生活中正确使用和管理信息技术，发挥其正面作用，避免其负面影响。

思政教育价值：

通过本案例的设计，可以引导学生从设备控制器的作用出发，深入了解计算机系统中各组成部分的协作与互动，掌握计算机系统的整体运行原理。同时，让学生关注信息技术发展带来的社会问题，引导学生深入思考科技与社会、科技与人文的关系，提高其综合素养和社会责任感。

7.1.5 设备通道

课程知识点内容

在许多计算机系统中配置了通道，其目的就是建立独立的 I/O 操作，使 CPU 从繁重的 I/O 中解放出来。在设置通道的计算机系统中，主机只需向通道发送一条 I/O 指令，通道接收到该指令后便执行通道程序完成 I/O 任务，完成规定的 I/O 任务后向主机发中断，报告本次 I/O 任务已经完成。

通道实际上是一个特殊的处理机，它具有执行 I/O 指令的能力，并通过执行通道程序来控制 I/O 操作。

思政资源切入点

技术与社会：介绍计算机系统中通道技术的应用，探讨通道技术对计算机性能和效率的提升，以及对社会生产力的影响。

专业精神：介绍通道作为一种特殊的处理机的概念，强调在计算机系统中每个组成部分都有自己的特点和功能，需要专业人员进行维护和管理。

职业道德：强调通道作为一种特殊的处理机，专业人员需要遵守职业道德，确保数据安全和设备正常运行。

创新创业：介绍通道技术的发展历程和应用情况，探讨通道技术对计算机领域的创新和未来发展趋势。

人文素养：介绍通道技术的发展历程和应用情况，探讨通道技术对人类生产和生活的影响，引导学生思考技术与人类生活的关系。

课程思政案例

案例题目： 通道技术在计算机系统中的应用

案例内容：

以通道技术为例，介绍通道在计算机系统中的应用和工作原理。通过分析通道技术的发展历程、应用范围和优缺点，引导学生思考如何有效地利用通道技术提高计算机系统的 I/O 性能，同时考虑通道技术对社会和人类的影响。

思政教育价值：

本案例可以帮助学生了解计算机系统中 I/O 操作的瓶颈，以及如何通过引入通道技术提高系统的 I/O 性能。同时，也可以引导学生思考信息技术的发展对人类社会的影响，以及在信息化时代，如何保护个人隐私和数据安全，避免信息技术滥用等问题。通过探讨技术和社会问题的关系，促进学生综合素质的提高和思想道德水平的提升。

7.2　I/O 控制方式

7.2.1　程序直接控制方式

课程知识点内容

程序直接控制方式指用户进程直接控制 CPU 和外设间信息传送，通过 CPU 发出 I/O 指令启动外设，并循环测试控制器中控制/状态寄存器的忙/闲标志位，直到检测到外设准备就绪标志位为 0，才开始数据传送。输出数据时同理。

思政资源切入点

责任担当和职业操守：当用户进程需要与外设进行数据传输时，必须遵循一定的规则和程序，不能随意发送指令和数据，必须等待外设准备就绪后才能进行传输，这体现了程序员的责任担当和职业操守。

科学精神和工程伦理：用户进程需要不断地测试控制/状态寄存器的忙/闲标志位，这需要程序员具备科学精神，遵循科学方法进行数据传输，并且需要遵守工程伦理，确保程序的正确性和稳定性。

团队合作和信息共享：用户进程需要与外设进行数据传输，这需要团队合作和信息共享，程序员需要与硬件工程师密切合作，共同解决问题，确保数据传输的顺利进行。

社会责任和安全意识：当用户进程与外设进行数据传输时，必须确保数据的安全性和可靠性，防止数据泄露和损坏，这需要程序员具备社会责任和安全意识，保障用户数据的安全和隐私。

课程思政案例

案例题目：程序直接控制方式中的"忙等待"现象

案例内容：

在程序直接控制方式中，当用户进程需要与外设进行数据传送时，需要通过循环测试控制/状态寄存器的忙/闲标志位来判断外设是否已经准备就绪。如果外设尚未准备好，则用户进程只能不停地循环测试，等待外设的就绪。这种等待的方式被称为"忙等待"。

可以通过以下几个方面展开教育：

（1）知识传授：通过介绍程序直接控制方式中的"忙等待"现象，让学生了解现代计算机系统中的性能优化和资源利用问题。

（2）价值引领：引导学生思考"忙等待"现象对计算机系统性能和资源利用的影响，进而引导学生探讨如何在技术开发中追求高效率和资源利用的平衡点。同时，也可以引导学生关注技术开发中所涉及的伦理和社会责任，探讨如何在技术开发中平衡技术、经济和社会三方面的利益。

（3）能力培养：引导学生通过分析"忙等待"现象的原因和影响，提出优化建议，并尝试实现相应的性能优化。同时，也可以通过这个案例培养学生的批判思维、创新精神、团队协作能力和社会责任感。

可以组织学生在实验室中设计一组性能测试实验，比较使用"忙等待"

和不使用"忙等待"两种方式对计算机系统性能的影响。学生需要通过收集实验数据，分析实验结果，并提出优化建议。同时，也可以引导学生思考如何在技术开发中平衡技术、经济和社会三方面的利益，并通过讨论和分享经验，培养学生的团队协作能力和社会责任感。

思政教育价值：

此案例可以引导学生思考现代计算机系统中的性能优化和资源利用问题。同时，也可以通过这个案例，引导学生关注技术开发中所涉及的伦理和社会责任。

7.2.2　中断控制方式

课程知识点内容

为了减少程序直接控制方式中 CPU 的等待时间，提高系统并行工作的程度，现代计算机系统中广泛采用了中断控制方式。这种方式要求 CPU 与设备控制器之间有相应的中断请求。

思政资源切入点

责任担当和工作效率：中断控制方式能够提高系统的并行度，减少 CPU 等待设备的时间，使得计算机系统更加高效。在这个过程中，作为计算机系统中的一部分，每个组成部分都有自己的责任，也需要承担相应的责任。例如，中断控制器需要在设备有中断请求时及时通知 CPU 进行相应的处理，否则就会影响系统的正常运行。因此，中断控制方式也提醒我们要对自己的工作负责，并努力提高自己的工作效率。

科学伦理和职业道德：在中断控制方式中，设备控制器需要向 CPU 发送中断请求，并在 CPU 响应之后进行相应的处理。这个过程需要严格遵循相应的协议和规范，确保系统的正常运行。因此，在中断控制方式中，科学伦理和职业道德显得尤为重要。设备控制器需要严格遵守协议和规范，并保证设备的正常工作，而 CPU 也需要及时响应中断请求并进行相应的处理，以保证整个系统的正常运行。

人文关怀和社会责任：中断控制方式能够提高系统的并行度，提高计算机系统的工作效率。但是，计算机系统中的每一个组成部分都需要考虑人文关怀和社会责任。例如，当使用计算机系统时，我们需要注意保护自己的隐私和数据安全，同时也需要关注计算机系统对环境的影响，减少计算机系统对环境造成的污染。因此，在计算机系统的设计和使用中，人文关怀和社会责任也显得尤为重要。

课程思政案例

案例题目：中断控制方式在现代计算机系统中的应用

案例内容：

中断控制方式是一种使 CPU 可以在执行程序时接收外设请求并及时响应的方式。现代计算机系统广泛采用中断控制方式来实现对各种输入/输出设备的控制。当外设需要 CPU 处理时，它会发出一个中断请求信号。CPU 接收到中断请求后会停止当前执行的程序，保存当前进程的状态，转去处理中断请求。处理完中断请求后，CPU 会恢复被中断的进程，并继续执行下去。这种方式可以避免 CPU 一直等待设备完成某项操作，从而提高系统的并行度和效率。

从思政教育的角度来看，中断控制方式的应用不仅体现了科技进步和技术革新的精神，也蕴含着许多思想和价值观。例如：

（1）追求效率：中断控制方式可以大大提高计算机系统的并行工作能力，更加高效地完成任务。这与我们追求效率、追求卓越的思想和价值观是一致的。

（2）团队协作：计算机系统中的各个组件之间需要相互协作才能完成任务。中断控制方式中，外设、CPU、内存等各个部分需要相互配合，共同完成任务，这与我们强调团队协作、信息共享的思想和价值观相符合。

（3）科技创新：中断控制方式是计算机系统技术革新的重要一步，它不断推动着计算机系统技术的发展和进步，也提醒我们重视科技创新的精神。

（4）精益求精：中断控制方式虽然已经可以实现设备与 CPU 之间的快速响应，但是在实际的应用中还有很多细节需要优化和改进。这需要我们保持精益求精的精神，不断提高自己的专业水平。

思政教育价值：

通过对中断控制方式在现代计算机系统中的应用进行探讨，可以引导学生了解科技创新和技术进步的重要性，以及精益求精的精神。同时，也可以引导学生重视团队协作和信息共享的思想和价值观，培养学生的职业素养和团队合作精神。

7.2.3 DMA控制方式

课程知识点内容

采用中断方式时，CPU是以字节为单位进行干预的。如果将这种方式用于块设备的I/O，显然是低效的。例如，为了从磁盘中读出1KB的数据，需要中断1024次CPU。为了进一步减少CPU的干预，引入了直接存储器访问（Direct Memory Access，DMA）方式。

思政资源切入点

技术革新的意义：从中断控制方式到DMA方式的转变，不仅提高了系统的效率，还使得CPU可以更好地集中精力完成其他的工作。这种技术革新对计算机系统的发展具有重要的意义，表明科技进步可以不断推动计算机系统的发展，为人类的生产生活带来更多便利和发展机遇。

团队协作精神：DMA技术的发展离不开不同领域的专业人才的协作。例如，硬件工程师需要设计DMA控制器，软件工程师需要编写相应的驱动程序等。这需要团队协作精神，体现了合作共赢、互惠互利的思想。

工程伦理和职业道德：在DMA技术的发展过程中，需要工程师不断优化系统设计，提高DMA传输的安全性和稳定性，以保障用户数据的完整性和机密性。同时，工程师还需要秉持职业道德和操守，遵循科学伦理和工程伦理，保证代码质量和代码安全，不做有损用户利益和社会公共利益的事情。

坚持创新精神：DMA技术的提出和应用，是创新精神的体现。通过对传统方式的改进，DMA技术提高了计算机系统的效率和性能，为计算机技术的发展探索了新的方向。因此，在学习计算机操作系统的过程中，应该培养创新精神，鼓励学生通过思考和实践，积极寻找解决问题的创新思路和方法。

> **课程思政案例**

案例题目：DMA 技术在计算机系统中的应用

案例内容：

计算机系统中，数据传输是一个重要的操作，特别是在需要大量数据输入输出的情况下，如磁盘读写操作。传统的中断方式会频繁干预 CPU 的工作，使得系统效率低下。为了解决这个问题，引入了 DMA 技术。

DMA 技术是一种直接存储器访问方式，它允许外围设备直接访问系统内存而不需要 CPU 的干预。在 DMA 传输开始之前，CPU 通过 I/O 指令向控制器发出启动信号并指定数据传输方向、起始地址和传输长度等参数。DMA 控制器在获得控制权后，直接与外设通信并执行数据传输操作，直到传输完成后向 CPU 发出中断信号通知传输结果。

采用 DMA 方式进行数据传输，可以大幅度减少 CPU 的干预，提高数据传输效率和系统的整体性能。

思政教育价值：

（1）学习 DMA 技术可以加强学生的计算机原理知识，帮助他们深入了解计算机系统的底层结构和原理。

（2）DMA 技术的应用可以帮助学生掌握如何优化系统性能的方法和技术，培养学生分析和解决问题的能力。

（3）DMA 技术的使用体现了科学技术的发展，可以启发学生对科技进步的理解和认识，提高他们的科技素养。

（4）DMA 技术在计算机系统中的应用也反映出社会的发展趋势，对于学生了解社会发展变化、提高社会责任感具有积极意义。

（5）学习 DMA 技术还可以引导学生注重学术诚信，养成正确的学习态度和独立思考的习惯，提高他们的职业素养和专业能力。

7.2.4 通道控制方式

> **课程知识点内容**

通道控制方式是 DMA 控制方式的发展，它可以进一步减少 CPU 的干预，即把对一个数据块的读（写）干预减少到对一组数据块的读（写）的干预；同时，又可实现 CPU、通道及 I/O 设备三者的并行工作，从而更有效地提高整个系统的资源利用率。例如，当 CPU 要完成一组相关数据块的读（写）操作时，只需要向通道发出一条 I/O 指令，给出所要执行的通道处理程序的地址和要访问的 I/O 设备，通道接到该指令后，通过执行通道处理程序便可完成 CPU 指定的 I/O 任务。

思政资源切入点

提高效率：通道控制方式的出现，将数据传输从 CPU 中分离出来，使 CPU 能够并行地执行其他任务，从而大大提高了计算机系统的效率。这告诉我们，在工作和学习中，通过分工合作、合理规划等方式，提高工作和学习效率。

推动技术进步：通道控制方式的发展，是计算机技术不断发展进步的一个缩影。它的出现和应用，不仅提高了计算机系统的性能，而且也推动了计算机技术的进步。这告诉我们，在追求个人发展的同时，也应该积极关注社会进步和科技发展。

课程思政案例

案例题目：通道控制方式的发展及其对资源利用率的提升
案例内容：

随着计算机系统对大规模数据处理需求的不断增加，对数据传输速率和数据吞吐量的要求也越来越高。传统的 DMA 方式虽然能够减少 CPU 的干预，但是在数据块的读写操作中还是需要 CPU 的参与，效率有限。而通道控制方式的出现，则进一步提高了计算机系统的资源利用率。

通道控制方式是指通过在 I/O 通道上设置专用硬件（通道控制器），将 I/O 操作从 CPU 中分离出来，使 CPU 能够并行地执行其他任务，而不必等待 I/O 操作完成。通道控制方式常用于需要处理大量数据的场合，如磁带、磁盘、视频设备等。

思政教育价值：

通道控制方式的出现和发展，不仅提高了计算机系统的资源利用率，也为我们的学习和生活提供了更高效、更快捷的计算机服务。同时，通道控制方式的背后也蕴含着一些课程思政的教育价值。

7.3 I/O系统

7.3.1 设备分配

课程知识点内容

设备是系统中的资源，一般而言，系统中进程的数量往往大于设备数，从而引起进程对设备的竞争。为了使系统有条不紊地工作，系统必须具有合理的设备分配原则，该原则应顾及设备的固有属性、设备分配的安全性、设备的独立性等。

思政资源切入点

公平性与资源分配：设备分配原则涉及系统资源的分配，这与公平性有关。在信息化时代，资源的分配涉及了更广泛的领域，如财富、机会等。因此，通过探讨设备分配原则，可以引导学生思考公平性与资源分配的问题，让学生了解到资源分配应该以公平、合理、可持续为原则。

安全性与隐私保护：设备分配原则也需要顾及设备分配的安全性，因为设备的使用可能会涉及隐私保护问题。例如，如果多个进程需要使用打印机，系统需要分配打印机的使用权限，但同时需要确保每个进程只能打印自己的文件，不会泄露其他进程的信息。因此，通过讨论设备分配原则，可以引导学生思考安全性与隐私保护的问题。

协作与团队合作：设备的分配涉及不同进程之间的协作，进程需要遵循设备分配原则，合理利用系统资源，从而提高整个系统的效率。这也涉及团队合作的问题，因为不同的进程需要协调使用系统资源，需要相互配合，从而实现整个系统的协同工作。因此，通过讨论设备分配原则，可以引导学生思考协作与团队合作的重要性。

课程思政案例

案例题目： 设备分配原则的思考

案例内容：

一所学校的计算机实验室中有 20 台计算机和 3 台打印机，每天有多个班级和学生使用这些设备进行学习和打印。为了保证设备的安全和可持续使用，实验室需要制定设备分配原则。请从公平性、安全性、协作性等角度，讨论设备分配原则应该如何制定。

思政教育价值：

通过讨论设备分配原则，可以引导学生思考资源分配的问题，并培养学生的公平、合理、可持续的思维方式。同时，通过讨论安全性和隐私保护，可以提高学生对信息安全的认识和保护意识。最后，通过讨论协作与团队合作，可以培养学生的团队合作精神和协调能力。

7.3.2 SPOOLing 技术

课程知识点内容

为了缓和 CPU 的高速性与 I/O 设备的低速性之间的矛盾，产生了脱机输入输出技术。该技术利用专门的外围计算机将低速 I/O 设备上的数据传送到高速磁盘（或磁带）上，或者相反，将磁盘（或磁带）上的数据传送到 I/O 设备上。这样，主计算机在运行过程中就可以直接在磁盘（或磁带）这样的高速设备上读取数据（或写入数据），加速了主计算机的运行速度。

思政资源切入点

引导学生关注科技与社会的互动关系，认识脱机输入/输出技术的重要性和优势。

培养学生探究科技发展的动力和趋势，分析技术的发展对于社会的影响。

提高学生的创新思维和解决问题的能力，激发学生对于技术革新的热情。

课程思政案例

案例题目：利用脱机输入/输出技术提高系统的可靠性和安全性

案例内容：

假设你是一家大型企业的信息管理部门负责人，你发现现有的计算机系统运行速度过慢，同时也存在数据丢失和系统停机的风险。你了解到脱机输入/输出技术可以提高系统的可靠性和安全性，于是你决定引入这种技术。请设计一个详细的方案，说明如何使用脱机输入/输出技术来解决系统存在的问题，包括技术原理、具体实施方案及预期效果。

思政教育价值：

通过此案例，学生能够深入了解脱机输入/输出技术的原理和应用，同时也能够锻炼其解决实际问题的能力，培养创新思维和创新精神，以及增强对于科技与社会互动关系的认知。

7.3.3 设备驱动程序

课程知识点内容

设备驱动程序有以下几个方面的功能：

（1）接收来自上层、与设备无关的软件的抽象读写请求，检查I/O请求的合法性。

（2）向有关I/O设备的控制器的控制/状态寄存器发出控制命令，启动设备，监督设备的正确执行，并进行必要的错误处理。

（3）对等待各种设备、控制器和通道的进程进行排队，对进程的阻塞和唤醒操作进行处理。

（4）执行比寄存器级别更高的一些特殊处理，如代码转换、退出处理等。这些操作是依赖设备的，因此不能放在较高层次的软件中。

（5）处理来自设备的中断。

思政资源切入点

以上内容涉及操作系统中设备驱动程序的功能和作用，强调了操作系统中对设备的管理和调度的重要性，以及设备驱动程序在其中的作用。从思政教育角度看，这些内容可以引导学生认识到操作系统的重要性和其对计算机系统的作用，同时也可以培养学生的系统思维和工程实践能力，加强对计算机系统安全和稳定性的重视。此外，设备的管理和调度也涉及公平性、效率性等社会价值观念，可以帮助学生认识到计算机技术与社会发展的密切关系。

课程思政案例

案例题目：设备驱动程序的功能及其思政教育价值

案例内容：

某高校计算机专业开设了操作系统课程，其中一章节讲解了设备驱动程序的功能。教师通过演示代码和实例，让学生了解设备驱动程序在计算机系统中的作用和重要性。同时，教师还结合实际案例，介绍了一些经典的设备驱动程序开发技巧和难点。

在课堂中，教师还强调了设备驱动程序的思政教育价值。设备驱动程序的开发需要对计算机硬件有深刻的理解，而这种深刻的理解需要学生具备细致入微的分析能力、创新能力和实践能力。在设备驱动程序的开发过程中，学生需要认真对待每一个细节，否则很容易出现各种错误和异常。这要求学生具备认真负责的工作态度、耐心细致的工作精神和团队协作精神。此外，设备驱动程序是计算机系统中非常底层的软件，开发难度较大，需要学生具备一定的计算机科学知识和技术素养，培养学生勇于挑战困难的精神和不断学习进取的意识。

思政教育价值：

通过学习设备驱动程序的功能及其开发技巧，学生可以了解计算机系统的底层原理和工作方式，培养细致入微的分析能力、创新能力和实践能力，提高学生的工作质量和效率。同时，学生还可以培养认真负责、耐心细致、团队协作和勇于挑战困难的精神，提高学生的综合素质和核心竞争力。最重要的是，学生可以深入理解计算机系统的发展历程，了解科技与社会的互动关系，从而提高他们的社会责任感和创新意识，培养他们成为具有全球视野的未来计算机科学领域的优秀人才。

7.3.4 中断处理程序

课程知识点内容

中断是指在计算机执行期间，系统内部发生任何非寻常和非预期的急需处理的事件，使CPU暂时中断当前正在执行的程序，而转去执行相应的事件处理程序，待处理完毕后又返回原来被中断处，继续执行或调度新进程执行的过程。

思政资源切入点

坚持创新驱动发展，强调技术创新对于计算机领域的发展至关重要。中断机制是计算机系统中的一项重要技术，可以在提高系统效率的同时，提供更好的用户体验。

讲解中断机制的基本概念可以引导学生思考计算机系统中的资源分配问题。中断机制可以使CPU在处理事件的同时，进行多任务处理，从而更好地利用计算机系统的资源。

中断机制的实现也需要一定的道德伦理素养。设计中断机制的时候，需要兼顾各个方面的利益，不能因为追求高性能而忽视对其他模块的影响，同时也需要考虑对用户隐私和信息安全的保护。

强调学生的社会责任感和公民素养。中断机制不仅在计算机系统中有着广泛的应用，同时也涉及社会各个领域。学生需要了解中断机制的工作原理，将其运用到自己的专业领域中，为社会的发展做出贡献。

课程思政案例

案例题目： 中断处理中的思政教育

案例内容：

计算机系统中的中断是一种重要的机制，通过中断，CPU可以及时地响应和处理各种非寻常和非预期的事件。但是，中断处理也需要占用一定的系统资源和时间，对计算机的性能和效率也有一定的影响。因此，在设计和使用中断机制时，需要考虑到多方面的因素。

其中，一个重要的思政教育价值是：如何平衡不同的利益和权衡不同的需求。在中断处理中，需要考虑多个因素的权衡，如响应速度、资源占用、可靠性等。例如，某些应用需要实时响应输入事件，此时应使用较高的中断优先级，并及时地处理中断请求；而在某些场景下，为了避免中断处理对系统性能的影响，需要采用低优先级的中断，并尽可能减少中断处理的次数。这种权衡和取舍不仅在中断处理中有所体现，在许多其他领域也具有重要的思政教育价值。

思政教育价值：

本案例可以引导学生思考如何平衡不同的利益和权衡不同的需求。在中断处理中，需要考虑到响应速度、资源占用、可靠性等多个方面的因素，不同的应用场景需要采用不同的中断优先级和中断处理方式。这种思考方式不仅对计算机系统的设计和优化有帮助，也有助于学生在日常生活和工作中更好地平衡不同的需求和利益，做出正确的决策。

7.4 磁盘管理

7.4.1 磁盘结构和管理

课程知识点内容

磁盘是一种常见的计算机外部存储设备，其硬件结构包括磁头、柱面和扇区。

首先，磁头是磁盘的重要组成部分，它负责读取和写入磁盘上的数据。通常一个磁盘有多个盘面，每个盘面上都有一个磁头。当读取数据时，磁头通过磁感应原理检测盘面上的磁性颗粒的状态，将其转换成电信号，并传输给计算机进行处理。在写入数据时，计算机向磁盘发出指令，磁头依照指令的要求，在磁盘上生成相应的磁性颗粒，完成数据的存储。

其次，柱面是指磁盘盘面上一组圆周上的数据区域，它由多个扇区组成。柱面的编号是按照磁盘上不同的轨道来划分的，同一柱面上的扇区位置相同。

数据存储在扇区中，而柱面的设计是为了方便计算机访问和管理扇区。在读写数据时，计算机需要根据指定的柱面号和扇区号来访问数据，以便快速地获取或存储数据。

最后，扇区是指磁盘柱面上的最小存储单位。每个扇区都由一组磁性颗粒组成，可以存储一定容量的数据，通常是512字节或4KB。扇区的数量决定了磁盘的存储容量大小，而磁头的读写速度和访问顺序影响了磁盘的读（写）效率。

思政资源切入点

（1）技术发展的历史和社会背景。磁盘的出现和发展是计算机技术的重要里程碑之一，而这一过程与计算机技术的发展、应用和普及等方面有着密切关系。通过介绍磁盘的发展历程和应用场景，可以引导学生思考计算机技术对于社会发展的影响和作用。

（2）技术原理和工作原理。磁盘的硬件结构涉及磁头、柱面和扇区等多个概念，这些概念的介绍可以帮助学生理解磁盘的存储原理和工作原理，从而对计算机系统的整体运行原理有更深入的理解。

（3）技术应用和社会价值。磁盘作为一种常用的存储设备，其在计算机系统中扮演着重要的角色。通过介绍磁盘的应用场景和技术特点，可以引导学生思考计算机技术在实际应用中的作用和价值，从而对计算机技术的发展和应用有更全面的认识。

课程思政案例

案例题目：磁盘的硬件结构与数据安全

案例内容：

小明是一名大学生，最近学习了计算机存储设备的相关知识。他了解到磁盘是一种常见的存储设备，由磁头、柱面和扇区等组成。他深入了解了磁头是用来读（写）数据的，柱面是用来划分磁盘空间的，扇区是磁盘上的最小存储单位。他还了解到，在磁盘的使用过程中，由于磁盘本身的硬件结构，数据安全可能会面临一些风险和挑战。比如，磁盘某个扇区损坏，导致数据丢失或无法读取等问题。而且，由于磁盘容量较大，数据量庞大，如果不进行备份和加密等措施，也容易造成数据泄露或损坏等问题。因此，对于使用磁盘存储数据的人来说，保护数据安全显得尤为重要。

思政教育价值：

通过学习磁盘的硬件结构和数据安全问题，可以让学生更加深入地了解计算机存储设备的工作原理和数据安全保护的重要性。在学习过程中，学生可以感受到技术本身并非是万能的，技术需要与伦理、法律等诸多方面相结合，才能真正发挥其应有的作用。同时，学生也可以通过学习此类知识，增强对信息安全的认知和意识，避免在使用计算机等设备时不慎泄露个人隐私或遭受网络攻击。

课程知识点内容

磁盘的格式化分为低级格式化和高级格式化。

低级格式化是指对磁盘进行物理层面的格式化，包括确定扇区大小、磁道数、磁盘表面的柱面数及校验信息等。低级格式化一般由磁盘生产厂家在生产时完成，用户一般不需要进行低级格式化操作。低级格式化是一个不可逆的过程，对磁盘的物理结构进行修改，因此需要谨慎操作。

高级格式化是指对磁盘进行逻辑层面的格式化，也称建立文件系统。在高级格式化过程中，操作系统会将磁盘划分为若干个分区，然后在每个分区上创建文件系统，使得文件可以被组织存储和访问。高级格式化是用户在使用磁盘时必须进行的操作之一。

思政资源切入点

技术与伦理：低级格式化由厂商在出厂之前完成，这是否涉及产品质量、可信度及企业伦理等问题？

环境与可持续发展：磁盘格式化是一种耗能的过程，如何减少这种浪费，保护环境，达到可持续发展的目标？

科技创新与社会发展：高级格式化可以让用户建立文件系统，这在信息化时代中发挥着重要的作用。这个话题可以涉及技术的发展对社会进步的贡献及科技创新对社会经济的促进等问题。

个人隐私与信息安全：格式化会清除磁盘上的数据，如果磁盘中存在敏感信息，格式化之前是否需要进行备份或者进行安全处理，以保护个人隐私和信息安全？

教育与职业发展：高级格式化是由用户通过操作系统提供的工具完成的，这是否需要具备一定的计算机知识和技能？如何培养和提高人们的计算机素养和操作技能，以适应信息化时代的职业发展需求？

课程思政案例

案例题目：数据安全性的重要性

案例内容：

在计算机存储介质中，磁盘是一种常见的存储设备，用于存储操作系统、应用程序和用户数据等。磁盘的格式化是在磁盘上建立文件系统的过程，其中低级格式化由厂商完成，高级格式化由用户完成。低级格式化将每个扇区填充格式控制信息，这有助于磁盘数据的读取和写入。高级格式化则是将磁盘划分为一个或多个分区，并在每个分区中创建文件系统，使用户可以在磁盘上创建、读取、写入和删除文件。如果磁盘未经过正确的格式化或格式化不当，则可能导致数据丢失或文件系统崩溃，从而使数据不可用或无法恢复。因此，磁盘的格式化对于数据安全性至关重要。

思政教育价值：

通过本案例，可以引导学生了解数据安全性的重要性，提高他们对数据安全性的意识。同时，本案例还可以引导学生了解磁盘的硬件结构和格式化过程，增强他们的计算机系统知识。通过学习本案例，学生不仅能够了解计算机存储介质中的磁盘，还能够深入了解数据安全性，以及如何保护数据的安全性。

课程知识点内容

磁盘引导块是指存放在磁盘上的引导程序的区域，通常位于磁盘的起始扇区。它是计算机启动时必要的组成部分，包含引导程序的装入程序和整个引导程序的代码。引导程序的装入程序负责将引导程序从磁盘装入内存，而引导程序负责初始化系统的各种设备，从CPU的寄存器到设备控制器和内存，然后启动操作系统。

7 设备管理课程思政教学案例设计

思政资源切入点

讲解计算机硬件组成和工作原理，让学生了解计算机系统启动的基本过程和必要的组件。

探讨计算机安全问题，引导学生思考如何保护计算机系统免受病毒和黑客攻击。

引导学生思考技术与社会的关系，探究技术发展对社会生产、生活、文化等方面的影响。

课程思政案例

案例题目：磁盘引导块的安全性探究

案例内容：

磁盘引导块是计算机中一个重要的启动区域，其在磁盘上的位置是固定的，通常是磁盘的起始扇区。引导块中存放着计算机的引导程序，该程序将初始化系统的各种设备并启动操作系统。由于磁盘引导块的特殊位置和功能，若引导块受到破坏或受到恶意软件的攻击，则可能导致计算机系统无法正常启动或丢失数据。因此，保护磁盘引导块的安全性非常重要。

设计思路：

（1）磁盘引导块的基本知识：通过讲解磁盘引导块在计算机系统中的位置、作用、功能等基本知识，引导学生理解磁盘引导块的重要性和安全性问题。

（2）磁盘引导块的安全性保护：通过讲解计算机系统安全保护的常用措施，如安装杀毒软件、更新补丁、设置防火墙、备份数据等，引导学生了解如何保护磁盘引导块的安全性。

（3）磁盘引导块受到攻击的危害和后果：通过讲解病毒、恶意软件等攻击磁盘引导块的方式和危害，引导学生了解磁盘引导块受到攻击的后果和影响，以提高学生的防范意识。

（4）学生实践环节：通过让学生在虚拟机或实验室环境下模拟攻击磁盘引导块或保护磁盘引导块的实验操作，培养学生实际操作技能和安全保护能力，同时提高学生的安全意识和防范意识。

思政教育价值：

通过本案例，可以引导学生深入探究计算机系统的安全性，了解磁盘引导块在计算机系统中的重要性和作用，以及磁盘引导块受到攻击或破坏的危害和后果。同时，本案例还可以引导学生掌握计算机系统的安全保护措施，培养学生的责任感和使命感，增强学生的安全意识和防范意识，提高学生的信息安全意识和能力。

课程知识点内容

硬盘和软盘是根据磁盘的存储介质和结构进行分类的。硬盘通常是指一种使用非易失性磁性材料作为存储介质，采用旋转的磁性碟片进行数据存取的磁盘，适用于高速数据存储和读取。而软盘是指使用可移动的、柔性塑料片作为存储介质，可通过软盘驱动器进行数据读（写）的磁盘，适用于小型数据存储和传输。

单片盘和多片盘是根据磁盘的碟片数量进行分类的。单片盘指只有一个碟片的磁盘，多片盘是指有多个碟片组成的磁盘，通常用于存储大容量的数据。

固定头磁盘和活动头磁盘是根据磁头的结构和运动方式进行分类的。固定头磁盘指磁头安装在磁盘机的位置是固定的，而活动头磁盘是指磁头可以自由地移动到磁盘不同的轨道上进行数据读（写）。现代硬盘均采用活动头磁盘，能够更高效地利用磁盘空间。

思政资源切入点

以上内容的课程思政资源切入点可以是"科技创新与社会发展""创新精神与实践能力"等。通过学习和了解磁盘的类型，可以了解科技领域的不断创新和发展，激发学生创新精神和实践能力，培养学生对科技发展的热情和对未来的期望。此外，还可以引导学生深刻认识科技的发展与社会进步、人类生活质量的提高之间的密切关系，激发学生对科技创新的社会价值的认识。

课程思政案例

案例题目：磁盘类型的选择与思想价值

案例内容：

随着计算机的发展，磁盘类型也在不断发展。现在市场上有许多不同类型的磁盘可供选择。从存储容量和速度方面来看，硬盘显然比软盘更优。而在使用过程中，多片盘比单片盘要更可靠。但是，不同类型的磁盘也有其特定的应用场景，因此，在选择磁盘类型时需要根据实际情况进行综合考虑。

同时，磁盘类型的发展也反映了科技的进步和创新，例如硬盘的发明极大地提升了计算机的存储能力和速度，而单片盘到多片盘的发展也使得计算机在存储上更加可靠和高效。这种科技的进步和创新与计算机科学和工程的发展密不可分，同时也涵盖了人类创新精神的体现和社会发展的进步。

具体实例：

（1）提供不同类型的磁盘并让学生比较它们的优缺点，让学生在实践中了解综合考虑实际情况的重要性。

（2）通过对磁盘类型的发展历程的介绍，让学生了解科技的进步和创新对社会和个人的影响，引导学生对科技发展的关注和创新精神的培养。

（3）引导学生探讨计算机科学和工程领域的交叉应用，让学生了解跨学科思维和综合应用的重要性。同时，可以让学生进行相关项目的设计，培养他们的创新能力和实践能力。

思政教育价值：

（1）强调综合考虑实际情况的重要性，培养学生科学的思维方法和决策能力。

（2）通过磁盘类型的发展历程，引导学生认识科技的进步和创新对社会和个人的影响，培养学生创新精神和对科技发展的关注。

（3）通过对计算机科学和工程领域的探讨，引导学生了解学科交叉和综合应用的重要性，培养学生跨学科思维和创新能力。

7.4.2 磁盘调度

课程知识点内容

产生性能差异的原因主要是寻道时间。如果扇区访问请求包括随机选择磁道，磁盘 I/O 的速度会非常低。为了提高性能，要减少花费在寻道上的时间。

目前常用的磁盘调度算法有先来先服务、最短寻道时间优先、扫描算法和循环扫描算法等。

思政资源切入点

工程伦理：磁盘调度算法的设计涉及优化性能和提高效率的工程目标。但是在实践中，为了达成这些目标，可能会对用户的体验或者对其他系统产生负面影响，这时候就需要考虑工程伦理的问题。

创新思维：磁盘调度算法的出现是为了解决磁盘寻道时间长的问题，这需要创新思维来探索新的解决方案。在探索中可能会遇到各种挑战和难题，需要通过创新思维和跨学科的思考来解决。

社会责任：磁盘调度算法的优化可能会影响磁盘的寿命和使用寿命，也可能会影响环境和资源的消耗。在设计和应用磁盘调度算法的过程中，需要考虑社会责任和可持续发展的问题。

技术伦理：磁盘调度算法涉及对用户数据的访问和管理，需要考虑技术伦理的问题，如隐私保护、数据安全、数据公正等。

课程思政案例

案例题目：磁盘调度算法与效率优化

案例内容：

某公司的服务器存储系统运行缓慢，经过调查发现是磁盘 I/O 操作的性能问题。进一步分析发现，磁盘访问请求随机选择磁道，导致了大量的寻道时间开销，影响了系统的响应速度。为了提高系统性能，需要选择合适的磁盘调度算法。经过了解，常用的磁盘调度算法有先来先服务、最短寻道时间优先、扫描算法和循环扫描算法等，每种算法有不同的优缺点和适用场景。经过实验对比，最终选择了最短寻道时间优先算法，通过优化磁盘 I/O 操作的顺序，减少了寻道时间的开销，提高了系统的性能。

思政教育价值：

通过本案例，学生可以了解磁盘 I/O 操作的性能问题及其原因，了解磁盘调度算法的基本原理和常用方法，进一步认识到算法对性能优化的重要性同时，学生也可以体验到实践中解决问题的方法和步骤，锻炼了解决实际问题的能力和实践能力。此外，学生还可以通过本案例了解到在信息技术应用中，如何将性能优化与社会经济效益结合起来，体现信息技术的价值和应用前景。

7.4.3 独立磁盘冗余阵列

课程知识点内容

RAID 是通过多个磁盘组成阵列来提供数据存储和访问服务的一种技术。它将数据划分成多个块，分散存储在不同的磁盘上，以提高数据的访问速度和可靠性。RAID 提供了多种数据分布和磁盘配置方案，其中比较常用的是 RAID0、RAID1、RAID5 和 RAID6 等级。

思政资源切入点

价值观教育：探讨 RAID 技术在数据备份、数据保护和数据恢复中的作用，培养学生的数据安全和保护意识，强化信息安全的重要性。

创新思维：探究 RAID 技术是如何将多个小容量磁盘组合成大容量磁盘以提高性能和可靠性的，培养学生的创新思维能力，鼓励他们在信息技术领域不断探索和创新。

课程思政案例

案例题目：RAID 技术在数据保护中的应用

案例内容：

某公司数据中心的存储系统采用了 RAID 技术，并发生了一起数据意外损失的事件。请根据以下信息进行讨论：

事件描述：一位员工误删了重要数据，但发现时已无法找回。

RAID 级别：RAID 5。

硬盘数量：5 个。

磁盘空间：每个硬盘容量为 100GB。

数据备份：无。

数据恢复：尝试了一些方法，但均无法恢复数据。

思考问题：

该公司的数据管理和备份策略是否合理？如何避免类似事件再次发生？

RAID 5 技术的数据保护原理是什么？为什么可以提高系统的可靠性？

如果该公司的存储系统采用了 RAID 1 技术，会对数据保护产生什么影响？

你认为在信息时代，数据安全和保护的重要性有多大？如何保障数据的安全和保护？

思政教育价值：

通过以上案例，可以培养学生的数据安全和保护意识，了解 RAID 技术在数据保护中的应用，探究 RAID 技术的工作原理，培养学生的创新思维能力和信息安全意识。

7.5 缓冲管理

7.5.1 缓冲

课程知识点内容

缓冲是一种常用的技术，用于在不同速度的两个系统之间数据传输时进行协调。它通过在数据传输路径上插入一个中间层次来缓解速度不匹配的问题。缓冲可以用于多种通信问题，例如，在计算机中用于提高磁盘 I/O 性能，以及在网络中用于解决数据包到达时间不同步的问题。在这些应用中，缓冲器接收到一定量的数据，然后在将数据发送到下一个系统之前，先将其存储在缓冲区中，以便更有效地处理数据。缓冲的设计需要平衡多种因素，如缓冲的大小、缓冲填充的速度及缓冲中数据的使用方式等。

思政资源切入点

在课程思政方面，缓冲技术可以引出对于数据传输中效率和平衡的思考。

通过对缓冲的设计和实现，我们可以学习如何解决不同速度系统之间的通信问题，以及如何在处理数据时平衡性能和资源消耗。同时，我们也可以通过研究缓冲技术在不同应用中的应用和优化，来探讨技术在社会中的作用和意义，以及对不同领域中技术与人文的交融和平衡的思考。

课程思政案例

案例题目：缓冲技术在磁盘 I/O 中的应用

案例内容：

通过研究计算机中磁盘 I/O 的基本原理，分析磁盘 I/O 中的瓶颈和性能问题，介绍如何使用缓冲技术来解决这些问题，以及不同缓冲算法的优缺点和适用范围。同时，还可以探讨如何平衡缓冲的大小和填充速度，以及如何在磁盘 I/O 性能和资源消耗之间做出权衡。

思政教育价值：

通过学习缓冲技术在磁盘 I/O 中的应用，可以了解计算机系统中不同部件之间的协调和平衡，以及如何使用技术来解决实际问题。同时，也可以探讨技术的社会作用和意义，以及技术与人文的关系。

课程知识点内容

单缓冲是当用户发出 I/O 请求时，操作系统在主存中为其分配一个缓冲区。

思政资源切入点

知识的实用性：可以引导学生了解操作系统中的 I/O 请求和缓冲管理，了解单缓冲的原理和应用场景，以及其在计算机系统中的重要性和优化方式等。

社会责任感：可以引导学生思考计算机系统中的资源利用和分配问题，如何最大程度地减少缓冲使用对系统资源的占用和浪费，以及如何通过合理的缓冲管理提高系统的性能，降低系统的能耗和环境污染等。

创新精神：可以引导学生探讨缓冲管理的创新方法和应用领域，了解现有的单缓冲实现方式的局限性，如何通过技术创新和优化，提高缓冲管理的效率和可靠性，以及如何将缓冲管理应用到其他领域。

课程思政案例

案例题目：单缓冲在操作系统中的应用及其思政价值
案例内容：

请结合实际案例，介绍单缓冲在计算机操作系统中的应用场景和原理，如何通过单缓冲管理提高系统的性能和可靠性，以及单缓冲对操作系统资源利用和环境的影响等。引导学生思考如何在操作系统中合理使用单缓冲，降低系统的开销和浪费，提高资源利用效率，减少能源消耗和环境污染等问题。

思政教育价值：

通过本案例的学习，可以让学生深入了解计算机操作系统中的 I/O 请求和缓冲管理，加深对计算机系统资源利用和分配的认识，培养社会责任感和环保意识，同时也可以激发学生的创新思维，提高他们对技术创新的热情和能力。

课程知识点内容

当块设备使用双缓冲时，先将数据输入第一个缓冲区，装满后输入第二个缓冲区，在向第二个缓冲区输送数据的同时，CPU 对第一个缓冲区中的数据进行计算。因此在有双缓冲的情况下，系统处理一块数据的时间为 $\max(C, T)$。

思政资源切入点

技术创新与社会发展：缓冲技术的发展与计算机技术的不断进步、信息化社会的快速发展密不可分。讨论缓冲技术在计算机系统中的应用，可以引导学生深入思考技术创新与社会发展之间的相互关系，以及技术创新对社会和人类发展的积极意义。

技术伦理与社会责任：缓冲技术在提高系统性能的同时，也可能带来一些负面影响，如对磁盘寿命的影响等。教师可以通过探讨缓冲技术的利弊，引导学生思考技术伦理和社会责任问题，培养学生的责任感和社会意识。

科学素养与数据安全：缓冲技术在数据存储和传输中起到重要作用，但同时也带来了数据安全问题。教师可以引导学生思考如何保障数据安全，提高科学素养，防范网络攻击和数据泄露等问题。

跨文化交流与国际合作：缓冲技术是计算机操作系统中重要的技术，不同国家和地区的计算机科学家对此也有着不同的见解和应用方式。教师可以引导学生开展国际合作和跨文化交流，深入了解和探讨不同地区的缓冲技术应用实践和发展趋势，拓宽学生的国际视野和增强跨文化交流能力。

课程思政案例

案例题目：双缓冲技术在数据安全中的应用

案例内容：

某互联网公司的数据库系统中，存在一些涉及用户个人隐私信息的数据需要进行处理。为了确保数据的安全性，在输入数据前，系统会使用双缓冲技术进行数据加密，将加密后的数据输入第一个缓冲区，然后将加密后的数据备份到第二个缓冲区中，同时对备份的数据再次加密，以确保备份数据的安全性。当第一个缓冲区装满后，将其内容输入数据库，同时进行解密操作，以便数据可以正常使用。通过双缓冲技术，可以保证数据在处理过程中的安全性，同时确保数据的正确性和完整性。

思政教育价值：

本案例涉及数据安全和隐私保护，涉及如何在操作系统层面上保护用户的个人信息和数据安全。通过本案例的学习，可以引导学生认识到数据隐私保护的重要性，了解操作系统中常用的保护技术，例如，双缓冲技术及数据加密技术，帮助学生了解如何保护数据安全和隐私，增强数据安全意识和信息保护意识。此外，本案例还可以启发学生思考技术和道德伦理的关系，以及科技的发展和应用如何影响社会生活。

课程知识点内容

循环缓冲是一种数据结构，由多个缓冲区组成，每个缓冲区具有不同的状态。当一个进程需要进行数据读取或写入时，可以使用循环缓冲来管理和分配缓冲区。在循环缓冲中，所有的缓冲区按照顺序连成一个循环，每个缓冲区可以处于以下三种状态之一：空闲缓冲区、已装满数据的缓冲区和当前正在处理的缓冲区。

思政资源切入点

科学技术与社会发展：可以引导学生思考循环缓冲对于计算机系统性能的提升及对实际应用的影响，从而探讨科学技术对社会的推动作用。

技术发展与社会责任：可以引导学生思考在使用循环缓冲技术时，如何确保数据的安全性，以及技术发展在满足需求的同时应如何平衡社会的利益和个人的权益。

职业道德与社会责任：可以引导学生思考在使用循环缓冲技术时，如何遵守职业道德，确保数据的保密性、完整性和可靠性，以及如何积极履行社会责任。

创新思维与创业精神：可以引导学生思考如何在循环缓冲技术的基础上进行创新，提高系统性能和用户体验，以及如何将技术应用到实际生产和生活中，发掘商业机会。

课程思政案例

案例题目：循环缓冲与数据安全

案例内容：

结合实际案例，介绍循环缓冲技术在数据存储和传输过程中的应用，探讨如何在使用循环缓冲技术时确保数据的安全性，避免数据泄露、篡改等风险。

思政教育价值：

通过案例教学，引导学生认识到在科技快速发展的时代背景下，保障数据安全至关重要，要求学生具备职业道德、创新思维和创业精神，掌握先进技术并将其应用到实际生产和生活中，积极履行社会责任。

7.5.2 磁盘高速缓存

课程知识点内容

磁盘高速缓存的形式涉及内存空间的利用方式，其中第一种形式是将内存中的一个单独存储空间作为磁盘高速缓存，这种形式的特点是大小固定，不会受到应用程序的影响。而第二种形式是将内存中难以利用的小存储区域变成一个缓冲池，供请求页式管理系统和磁盘 I/O 共同使用。在这种形式下，磁盘高速缓存的大小不是固定的，会受到应用程序的影响。当磁盘访问频率较高时，会占用更多的内存空间作为高速缓存，而当应用程序较多时，内存空间会更多地用于存储程序。

思政资源切入点

技术伦理与社会责任：讨论如何在使用高速缓存技术的同时，保护用户的隐私和数据安全，避免数据泄露和滥用。

信息安全与数据治理：分析缓存池中数据的管理和监控方式，探讨如何确保数据的完整性、一致性和可靠性，并在数据治理方面贯彻信息安全的原则。

可持续发展与资源利用：探讨如何在资源利用和环境保护之间寻求平衡，避免过度使用高速缓存技术而导致内存浪费和能源消耗增加。

课程思政案例

案例题目：磁盘高速缓存的利弊分析

案例内容：

某公司决定将其数据库系统升级，其中包括优化磁盘 I/O 的性能。系统管理员提出了使用磁盘高速缓存技术来提高 I/O 性能的方案。他向公司高管介绍了两种磁盘高速缓存的形式：一种是在内存中开辟一个单独的存储空间作为磁盘高速缓存，大小固定不变；另一种是把内存中难以利用的小存储区域变成一个缓冲池，供请求页式管理系统和磁盘 I/O 共同使用，大小不固定，根据应用程序的需要进行动态调整。

为了进一步了解这两种形式，公司高管召开了一个讨论会，邀请了系统管理员和开发人员参加。会上，系统管理员介绍了两种形式的磁盘高速缓存的工作原理和优缺点，并提出了建议。开发人员提出了他们在开发过程中遇到的磁盘 I/O 性能问题，并询问系统管理员的看法。

◎ 操作系统课程思政案例库设计

思政教育价值：

通过本案例，学生将了解磁盘高速缓存的两种形式及它们的工作原理和优缺点，掌握计算机系统中磁盘 I/O 性能优化的基本方法和技术，同时深入思考计算机技术的应用和发展与社会的联系。通过参与讨论会，学生将锻炼自己的团队协作能力、交流沟通能力和批判性思维能力。

课程知识点内容

数据交付是指将磁盘高速缓存中的数据传送给请求者进程。在访问某个盘块中的数据时，操作系统会先查看磁盘高速缓冲管理器中是否存在进程所需访问的盘块数据的复制，如果有，就可以直接从高速缓存中提取数据交付给请求者进程，这样可以避免磁盘访问操作，从而大大提高数据访问速度。

如果磁盘高速缓存中没有所需数据的复制，操作系统就需要从磁盘中读取数据并将其交付给请求进程。同时，系统也会将数据送入高速缓存，以便以后再次访问该磁盘块时，可以直接从高速缓存中提取数据，避免再次进行磁盘访问操作，提高数据访问效率。

通过数据交付技术，可以减少对磁盘的访问次数，缓解磁盘的压力，提高数据访问速度，从而更好地满足用户对计算机系统的使用需求。

思政资源切入点

技术发展与社会进步的关系：数据交付技术的出现是因为磁盘访问速度相对较慢，数据交付技术的使用可以使数据访问速度提高 4~6 个数量级。这说明技术的进步可以为社会带来便利和效率提升。

技术的优缺点分析与取舍：数据交付技术虽然可以提高数据访问速度，但同时也会带来一定的系统开销。因此，在使用技术的过程中需要权衡技术的优缺点，做出最佳取舍，以满足系统和用户的需求。

技术发展的影响：数据交付技术的出现对计算机操作系统的发展产生了积极影响，同时也影响了应用程序的设计和实现。这说明技术的发展不仅影响着技术本身，还会对周边领域产生影响，需要我们对技术的发展有全面的认识和理解。

技术应用的合理性和合规性：在使用数据交付技术的过程中，需要遵循相应的法律法规和操作规范，保证数据的安全性和完整性。同时，需要考虑数据交付的合理性，避免数据的滥用和泄露，保护用户的隐私和权益。这说明技术的应用需要符合道德和法律规范，需要我们具备良好的道德和法律素养。

课程思政案例

案例题目：数据交付的优势

案例内容：

某公司的IT部门需要对其服务器进行优化，提高数据访问速度。其中一项优化措施是采用数据交付技术。IT部门负责人向员工介绍了数据交付的优势：当有一进程请求访问某个盘块中的数据时，操作系统会先查看磁盘高速缓冲管理器中是否存在该数据的复制，如果有则直接提取数据交付给请求者进程，否则再从磁盘中读取数据。这样能够避免磁盘访问操作，提高数据访问速度，从而提高系统的整体性能。

思政教育价值：

本案例可以引导学生深入思考优化技术背后的原理和意义。在实际工作中，优化技术并非仅仅为了提高性能，更要关注其背后的原理和意义。例如，数据交付技术的实现离不开高速缓存技术，而高速缓存技术的实现需要考虑缓存空间的管理和调度。这些技术背后的思想与原理，可以引导学生思考如何在工作中遵循科学的方法和理念，提高自身的工作能力和素质。同时，本案例还可以引导学生思考技术的社会责任和伦理问题，如何保障数据的安全和隐私等问题。

课程知识点内容

置换算法是指在缓存空间已满的情况下，需要从缓存中选择一个页面替换出去，以便为新页面腾出空间。常用的置换算法包括最近最久未使用（LRU）算法和时钟置换算法。其中，LRU算法根据页面最近被访问的时间来选择替换页面；而时钟置换算法维护一个指针，指向最老的页面，并按顺序遍历所有页面，找到第一个没有被访问的页面进行替换。在实际使用中，置换算法需要根据具体应用场景进行选择，以达到最优的缓存替换效果。

思政资源切入点

本内容可以引出"公平性"和"效率"的思政教育资源切入点。在操作系统中，置换算法的选择不仅关系到性能表现，还涉及公平性的问题。如何让每个进程都有公平的机会使用高速缓存，避免某些进程占用过多资源而导致其他进程受到影响，是一个需要思考的问题。同时，高效的置换算法也可以帮助其提高系统性能，提高资源利用效率，这也是思政教育中需要关注的资源分配公平性和高效利用资源的价值。

课程思政案例

案例题目：置换算法的选择和思政考虑

案例内容：

假设你是一家公司的技术负责人，该公司正在开发一款运行速度要求非常高的软件，需要对数据存储进行优化。你需要在磁盘高速缓存中选择一种置换算法。现在你有两种算法可供选择：最近最久未使用算法和时钟置换算法。最近最久未使用算法会淘汰最近最久未使用的缓存块，而时钟置换算法是根据一个时钟指针，将已读入缓存的块逐一标记，并淘汰没有被标记的块。你需要在两种算法之间进行选择，并给出你的理由。

思政教育价值：

本案例涉及技术选择决策，需要技术负责人在理解两种算法的基础上，根据自身业务需求和技术能力进行选择。这与大学生在未来工作中需要做出决策的情境相似。在技术决策的过程中，需要考虑多种因素，如系统需求、技术能力、资源预算等，而这些因素的决策和权衡不仅是技术问题，还包含着价值观的影响。因此，通过这个案例，可以让学生理解在技术决策过程中，需要充分考虑社会价值观念，贯彻以人为本的科学发展观，推进技术与人文的融合，更好地服务社会发展。

7.5.3　提高磁盘 I/O 速度的其他方法

课程知识点内容

提高磁盘 I/O 速度的其他方法：
(1) 预先读（Read Ahead）。
(2) 延迟写（Lazy Writing）。
(3) 虚拟盘（Virtual Disk）。

思政资源切入点

以上内容涉及了计算机操作系统中的磁盘 I/O 优化技术，包括预先读、延迟写和虚拟盘等方法。这些技术的目的都是提高磁盘 I/O 的效率，从而提升系统的整体性能，减少用户等待时间，提高用户体验。在教授这些技术的同时，可以引导学生思考计算机科技对人类生活的影响，以及技术发展所带来的伦理和社会问题。

课程思政案例

案例题目：磁盘 I/O 优化技术与数据隐私保护

案例内容：

在讲解磁盘 I/O 优化技术的同时，引导学生思考技术发展对数据隐私保护的影响。例如，预先读技术可以在一定程度上提高磁盘 I/O 的效率，但同时也会读入一些可能并不需要的数据，这些数据中可能会包含用户的隐私信息。因此，在使用预先读技术时需要特别注意数据隐私保护问题。

同样地，延迟写技术可以减少磁盘 I/O 的次数，提高系统的整体性能，但同时也可能会存在数据丢失的风险。如果在系统崩溃或断电等情况下，延迟写的数据可能无法被写入磁盘，从而导致数据丢失。因此，需要在使用延迟写技术时进行充分的风险评估，并采取相应的措施确保数据的安全性。

虚拟盘技术可以将多个物理磁盘组合成一个逻辑磁盘，提高了数据存储的灵活性和可靠性。然而，在虚拟盘技术中，多个磁盘之间的数据可能会因为各种原因而泄露或被攻击者窃取，这对用户的数据隐私造成了威胁。因此，在使用虚拟盘技术时，需要采取一系列措施保护用户的数据隐私。

思政教育价值：

通过这个案例，可以引导学生思考计算机科技的发展对人类生活的影响，并引导他们认识到技术发展所带来的伦理和社会问题。同时，也能让学生了解到数据隐私保护的重要性，并提高他们的信息安全意识和责任感。

8

文件管理课程思政教学案例设计

8.1 文件概述

8.1.1 文件类型

课程知识点内容

为了有效、方便地组织和管理文件，常按某种观点对文件进行分类。

按文件的用途分类，可分为系统文件、用户文件、库文件。

思政资源切入点

如何保护计算机系统的安全和稳定，避免因为恶意软件、病毒等导致的信息泄露、系统崩溃等问题，从而保护个人和组织的利益。

在使用库文件的过程中，如何遵守知识产权、版权等法律和道德规范，避免侵权行为的发生，同时也要关注开源软件的发展和贡献，体现共享和合作的精神。

课程思政案例

案例题目：文件分类方法中的思政教育

案例内容：

假设你是一名计算机操作系统课程的教授，正在为学生们设计一份文件分类的实践任务。你要求学生按照文件的用途进行分类，其中包括系统文件、用户文件和库文件。你提供了一些案例文件供学生分类，并要求他们讨论文件分类的目的和意义，同时在实践中体会计算机系统的思想。

思政教育价值：

这个案例旨在让学生通过实践了解文件分类方法的意义和目的，体会计算机系统的思想，并培养他们的创新思维和团队合作精神。在实践过程中，学生需要积极思考如何分类文件、如何利用计算机资源，同时还要充分发挥自己的创造力，设计出适合自己的分类方法。通过这个案例，学生将更好地理解计算机系统的工作原理和思想，并增强团队合作和创新意识。

课程知识点内容

按文件的性质分类，可分为普通文件、目录文件和特殊文件。

思政资源切入点

以上内容的课程思政切入点可以是文件管理和计算机操作系统中的文件系统设计。通过讲解文件的分类方法，引出文件系统的设计原则和实现方式，探讨文件系统对计算机性能和数据管理的影响，从而引导学生思考文件系统对计算机系统的作用和重要性，并进一步了解操作系统和计算机系统的工作原理和关键技术。

课程思政案例

案例题目：文件系统的设计与实现

案例内容：

以文件的分类方法为基础，介绍文件系统的设计和实现原则。首先讲解普通文件、目录文件和特殊文件的概念和特点，以及它们在计算机系统中的作用和重要性。然后介绍文件系统的组成部分、数据结构、访问方式和管理策略，包括目录结构、文件分配方式、数据块大小和缓存机制等。最后讨论文件系统的性能优化和安全保护问题，例如磁盘碎片整理、读（写）优化、权限控制和备份策略等。

思政教育价值：

通过本案例，可以引导学生了解文件系统的设计和实现原则，掌握操作系统和计算机系统中的关键技术和工作原理。同时，还可以帮助学生理解文件管理的重要性，增强对数据管理、性能优化和安全保护的意识和能力，培养创新和解决问题的能力和思维方式。

课程知识点内容

按文件的存取属性分类，可分为可执行文件、只读文件和读（写）文件。

思政资源切入点

以上内容的课程思政切入点可以是"信息安全与责任意识"。文件的存取属性分类是计算机系统中一种常见的安全措施，通过限制不同用户对不同文件的操作权限，可以有效保护文件的机密性、完整性和可用性。在教学中可以引导学生思考如何建立健全的信息安全意识，如何树立对个人信息安全的责任感，并探讨信息安全对个人和社会的重要性。

课程思政案例

案例题目：如何分类管理文件？

案例内容：

现代计算机系统中，文件管理是非常重要的一部分。为了有效、方便地组织和管理文件，常按某种观点对文件进行分类，可按文件的用途、性质和存取属性等分类。

以按文件的用途分类为例，可以将文件分为系统文件、用户文件和库文件。系统文件是操作系统和其他系统工具所需的文件，用户文件是用户自己创建的文件，库文件则是一些程序库中存储的文件。按文件的性质分类，可以将文件分为普通文件、目录文件和特殊文件。最后，按文件的存取属性分类，可以将文件分为可执行文件、只读文件和读（写）文件等。

在计算机操作系统课程中，可以通过讲解文件分类方法引导学生理解文件管理的重要性，让学生从不同的角度去了解文件的属性和用途，从而形成对计算机系统的全面理解。同时，教师还可以引导学生讨论文件分类方法的优缺点及应用场景，鼓励学生运用分类思维解决实际问题，培养学生创新意识和实践能力。

思政教育价值：

文件管理是现代计算机系统中不可或缺的一部分，而文件分类管理是文件管理的重要环节。通过学习文件分类方法，可以使学生掌握有效组织和管理文件的技能，培养其整理归纳、分类思维和创新意识。同时，文件分类方法的学习也可以引导学生从不同的角度去理解事物，形成系统性思维，具有重要的思想政治教育价值。

课程知识点内容

按文件数据的形式分类，可分为源文件、目标文件和可执行文件。

思政资源切入点

以上内容的课程思政切入点可以是计算机编程中的软件开发流程和生命周期，以及软件质量保证的重要性。

课程思政案例

案例题目：软件开发中的文件分类与软件质量保证

案例内容：

以按文件数据的形式分类为例，介绍了源文件、目标文件和可执行文件的概念及其作用。同时，结合软件开发流程和生命周期，讨论了不同文件类型在软件开发中的作用和重要性，以及如何通过文件分类来提高软件质量保证。

思政教育价值：

通过讲解软件开发中的文件分类方法，可以引导学生理解软件开发流程和生命周期，并强调不同文件类型在软件开发中的作用和重要性。同时，结合软件质量保证的重要性，可以引导学生意识到在软件开发过程中，文件分类的规范性和准确性对于保证软件质量具有重要意义，有利于提高软件的可维护性、可重用性和可扩展性。此外，思考如何通过文件分类提高软件质量保证，可以促使学生思考软件开发中的质量保证问题，培养其质量意识和质量管理能力。

8.1.2 文件属性

课程知识点内容

文件包含两部分内容，一部分是文件所包含的数据，另一部分是关于文件自身的说明信息或属性。文件的属性主要描述文件的元信息，如创建日期、文件的长度、文件的使用权限等，这些信息主要被文件系统用来管理文件。不同的文件系统通常有不同种类和数量的文件属性。

(1) 文件名。

(2) 文件的内部标识符。

(3) 文件的物理位置。

(4) 文件的拥有者。

(5) 文件的存取控制。

(6) 文件的类型。

(7) 文件的长度。

(8) 文件时间。

思政资源切入点

计算机系统中的文件属性对人类社会产生的影响和作用。

通过文件属性的管理和控制，引导学生养成正确的信息管理意识和行为习惯。

课程思政案例

案例题目：正确管理文件属性，做信息时代的文明人

案例内容：

随着计算机技术的发展，文件成为人们日常工作和生活中必不可少的一部分。但是，如果没有正确的管理和控制，文件的属性可能会对个人和社会产生负面影响。例如，恶意软件利用文件属性进行攻击、恶意用户通过修改文件属性非法获取信息等。因此，我们应该养成正确的信息管理意识和行为

习惯，正确管理文件属性。以下是几个具体的建议：

（1）合理设置文件名，方便文件的分类和检索。

（2）注意文件的物理位置，避免文件丢失或被他人篡改。

（3）对于敏感信息，设置适当的存取控制，避免信息泄露。

（4）定期备份文件，避免因为硬件故障或其他原因造成数据丢失。

（5）了解文件类型和长度，避免因为文件过大或者格式不兼容造成损失。

思政教育价值：

通过以上案例，可以让学生了解正确管理文件属性的重要性和意义，培养正确的信息管理意识和行为习惯。同时，也可以引导学生更好地利用计算机技术，为人类社会的发展做出更大的贡献。

8.1.3 文件的操作

课程知识点内容

文件系统向用户提供的各种调用接口通常包括打开文件、关闭文件、读文件、写文件、创建文件、删除文件等。通过这些接口，用户可以对文件进行各种操作。例如，通过打开文件接口，用户可以打开一个文件并获取文件描述符，然后通过读文件接口读取文件内容或通过写文件接口将内容写入文件中。通过文件系统提供的接口，用户可以方便地进行文件的管理和操作，使得文件的读取、修改、创建和删除等操作更加简单和高效。同时，文件系统的调用接口还能够实现对文件的安全控制，以保护用户数据的安全性。

思政资源切入点

数据隐私与信息安全：文件系统的设计需要考虑数据隐私和信息安全问题，避免未授权的访问和恶意攻击。这涉及对个人隐私和社会稳定等方面的思考。

技术创新与人类进步：文件系统的发展一直是技术创新和人类进步的体现，我们可以从文件系统的发展历程中看到技术的进步和对人类生活的影响。

社会责任与可持续发展：文件系统不仅需要满足用户需求，还需要考虑环境和社会的可持续发展问题，如减少资源浪费、减少能源消耗等，这也涉及对社会责任和可持续发展等方面的思考。

课程思政案例

案例题目：如何保护个人隐私与数据安全？

案例内容：

学生使用互联网时，常常需要上传和下载各种文件，这些文件包含大量个人信息，如何保护个人隐私和数据安全就显得尤为重要。我们可以结合文件系统的设计原理和安全机制，分析个人隐私和数据安全存在的问题，介绍如何使用加密技术、访问控制等手段保护个人隐私和数据安全。

思政教育价值：

通过本案例，可以引导学生思考如何保护个人隐私和数据安全，加深对数据隐私和信息安全的认识，同时也可以引导学生了解文件系统的设计原理和安全机制，培养技术创新和社会责任意识。

8.1.4 文件访问方式

课程知识点内容

文件最简单的访问方式是顺序访问。文件信息按顺序，一个记录接着一个记录地处理。这种访问方式最为常用。

思政资源切入点

实用性：顺序访问是文件访问最简单、最基础的方式，理解和掌握它对于日常文件操作是必要的。同时，也可以引导学生对于实际问题进行思考，如何更加方便高效地进行顺序访问操作。

效率性：尽管顺序访问方式简单易用，但是它的效率往往不如其他的访问方式，这可以引导学生对于不同访问方式的优劣进行比较和思考，如何选择更加合适的访问方式，以提高访问效率。

安全性：顺序访问方式没有对文件进行访问权限控制，容易造成信息泄露或篡改等问题，这可以引导学生意识到信息安全的重要性，并了解如何进行权限控制和保护。

课程思政案例

案例题目：文件访问方式的思考

案例内容：

将学生分为小组，让每个小组讨论并总结一下自己使用电脑时对文件的访问方式有哪些，以及在什么情况下会使用不同的访问方式。然后，让每个小组分享他们的讨论结果，整合各组意见并进行讨论。在讨论过程中，引导学生深入探讨文件访问方式的优缺点，如何选择最适合自己的访问方式，以及如何在使用文件时注意安全性和保密性。

思政教育价值：

通过本案例，学生将学会如何在小组中合作讨论，并深入探讨文件访问方式的优缺点，如何选择最适合自己的访问方式，以及如何在使用文件时注意安全性和保密性。同时，学生还将学习如何进行有效的沟通和合作，提高自己的团队合作能力。

课程知识点内容

直接访问是一种磁盘文件的访问模式，它允许以任意顺序读取文件中的信息。一般情况下，每次访问的单位是固定的块。这种访问方式主要用于大批量信息的立即访问，例如大型数据库的访问。当接到访问请求时，系统会计算出信息在文件中的位置，然后直接读取其中的信息，不需要从文件开始顺序读取，从而提高了数据访问的效率

思政资源切入点

技术发展与社会进步：探讨随机存取方式的出现和应用对计算机科学技术发展和社会进步的促进作用，同时也可思考计算机科学技术的应用如何服务于社会进步。

数据安全与隐私保护：探讨随机存取方式对数据安全和隐私保护的影响，以及在文件系统设计和实现中如何保护用户数据的安全和隐私。

8 文件管理课程思政教学案例设计

人机交互与使用体验：探讨随机存取方式对用户使用体验的影响，以及如何通过文件系统设计和优化提高用户的使用体验。

计算机伦理与社会责任：探讨随机存取方式的应用在计算机伦理和社会责任方面的挑战，如何在文件系统设计和实现中考虑计算机伦理和社会责任问题，以及如何通过技术创新和应用推动计算机科学技术的可持续发展。

课程思政案例

案例题目：文件访问方式对信息获取的影响

案例内容：

学生在预习阶段观看教师提供的学习视频，了解文件的访问方式和其对信息获取的影响。在课堂上，教师先对文件的顺序访问方式进行讲解，并通过例子展示操作流程。接着，教师引导学生思考如何利用顺序访问方式实现大批量信息的立即访问，并就其实现原理与优缺点与学生进行互动讨论。

随后，教师介绍文件的直接访问方式，并与学生分享其实现原理和应用场景。教师展示如何使用直接访问方式读取文件中的某个信息，并与学生就其操作流程进行实践练习。最后，教师组织学生就顺序访问和直接访问方式的优缺点进行讨论，并引导学生思考如何根据具体应用场景选择合适的文件访问方式。

思政教育价值：

通过本案例，学生可以了解文件访问方式的基本概念和操作流程，掌握顺序访问和直接访问方式的应用场景和优缺点，提高信息获取的效率和精确度。此外，教师在案例中引导学生进行思辨和互动讨论，培养学生的创新思维和团队协作能力，有利于学生的全面发展。

8.2 文件结构和系统

8.2.1 文件结构

课程知识点内容

可以使用不同的方式构造文件。通常使用的方式包括无结构文件、有结构文件和树形文件。

📝 思政资源切入点

文件构造方式的选择对文件系统性能的影响；文件构造方式的选择对文件的可维护性和可读性的影响；不同的文件构造方式对数据组织的影响。

📖 课程思政案例

案例题目：文件构造方式的选择

案例内容：

请就如下问题组织讨论：

（1）文件系统使用何种文件构造方式？

（2）不同的文件构造方式对文件系统的性能和可维护性有何影响？

（3）在文件的构造过程中，应该如何平衡可读性和可维护性之间的关系？

（4）文件构造方式对数据的组织有何影响？

思政教育价值：

（1）通过探讨文件构造方式的选择，了解到技术决策对系统整体性能的影响，有助于学生在日后的工作中更好地进行技术选型。

（2）学习如何权衡可读性和可维护性之间的关系，培养系统设计的思维和能力。

（3）了解不同的文件构造方式对数据组织的影响，帮助学生更好地理解系统内部原理，为学生日后的工作和研究提供更丰富的知识储备。

8.2.2　有结构文件的组织

✒️ 课程知识点内容

文件的组织形式可以分为顺序文件、索引文件和索引顺序文件。

📝 思政资源切入点

信息技术对社会的影响和作用。

8 文件管理课程思政教学案例设计

课程思政案例

案例题目：文件组织形式的选择与社会影响

案例内容：

随着信息技术的不断发展，文件组织形式也在不断地变化和完善。文件的组织形式直接影响到文件的管理、存储、检索和使用。本课程将介绍文件的三种组织形式，即顺序文件、索引文件和索引顺序文件，并探讨不同组织形式的优缺点及对社会产生的影响。

思政教育价值：

通过本课程，学生可以了解不同文件组织形式的特点，掌握文件组织方式的选择方法，以及不同文件组织方式对信息管理和存储的影响。同时，还可以启发学生思考信息技术对社会的影响和作用，进一步提高信息素养和对信息技术的认识。

8.2.3 文件系统

课程知识点内容

文件系统是操作系统的重要组成部分。它含有大量的文件及其属性信息，负责对文件进行操纵和管理，并向用户提供一个使用文件的接口。

思政资源切入点

技术伦理：文件系统作为操作系统的一部分，应该如何保护用户的隐私信息？如何防范黑客攻击和病毒感染？

社会责任：文件系统的设计和管理是否能够充分考虑到不同用户的需求和利益？如何保证文件系统的公平性和效率？

人文关怀：文件系统对于人们的生活和工作有着至关重要的作用，如何让文件系统更加易用、人性化？如何防止信息泄露？

创新精神：文件系统的发展离不开科技创新和不断进步的技术，如何保持创新精神，推动文件系统的不断发展和进步？

法律意识：文件系统的使用和管理涉及法律法规和相关政策，如何保证文件系统的合法合规，遵循相关法律法规和政策？

课程思政案例

案例题目：如何保护个人隐私信息？

案例内容：

现代社会中，人们的个人隐私信息越来越容易被侵犯。例如，个人信息可能被黑客攻击窃取、被不法分子非法获取等。为了保护个人隐私信息，文件系统起着非常重要的作用。本案例将通过介绍文件系统的结构来探讨如何保护个人隐私信息。

首先，教师可以讲解文件系统的基本结构和作用，引出文件系统在保护个人隐私信息方面的作用。其次，教师可以从文件系统的安全角度，介绍文件系统的安全性设计原则、安全性问题等，让学生了解文件系统在保护个人隐私信息方面的设计理念和实践措施。最后，教师可以使用案例分析的方式，介绍个人隐私信息泄露的案例和防范措施，让学生加强对个人隐私信息保护的认识和重视，增强自身的信息安全保护能力。

思政教育价值：

通过本案例，学生可以了解文件系统的基本结构和作用，进而认识到文件系统在保护个人隐私信息方面的重要性。同时，学生还可以思考如何加强个人隐私信息的保护，以及个人隐私信息被泄露的影响和防范措施等问题，提高个人信息安全意识和保护能力。

课程知识点内容

用户和应用程序通过使用创建文件、删除文件及其他文件操作命令，与文件系统进行交互。

在执行任何文件操作之前，文件系统必须确认和定位所选择的文件。这要求使用某种类型的目录来描述文件所在的位置，以及它们的属性。此外，大多数文件系统都对文件实行访问控制，只有被授权的用户才允许以特定的方式访问特定的文件。

思政资源切入点

以上内容的课程思政资源切入点为：信息伦理、社会责任和安全意识。在文件管理中，访问控制和文件保护是非常重要的，需要用户和应用程序了解和尊重信息伦理，理解信息安全和数据隐私的重要性，以及充分认识到对于信息的访问和使用所带来的社会责任。因此，可以通过探讨文件管理中的访问控制、文件保护等主题，引导学生关注信息伦理、社会责任和安全意识等方面的问题。

课程思政案例

案例题目：文件管理与信息安全

案例内容：

学生在上一次实践课程中学习了如何创建、复制、移动和删除文件，并掌握了一些基本的文件操作命令。在这次课程中，教师将向他们介绍文件管理的高级功能，如目录结构、文件属性和权限等，并重点讲解文件访问控制的重要性。

具体教学内容和活动包括：

（1）讲解文件系统的目录结构，包括树形结构、层次结构等，并介绍文件路径的表示方法和相关命令。

（2）讲解文件属性，包括文件类型、大小、修改时间、所有者等，并介绍如何查看和修改文件属性。

（3）讲解文件访问控制，包括文件权限、用户组、文件所有者等，并介绍如何设置和管理文件权限和用户组。

（4）进行案例分析和小组讨论，让学生们思考文件访问控制的作用和意义，以及如何应对信息安全威胁。

（5）组织小组活动，让学生们根据实际情况设计文件管理方案，并考虑如何保护文件的机密性、完整性和可用性。

思政教育价值：

通过学习文件系统的高级功能和访问控制机制，学生将了解到信息安全和保护个人隐私的重要性。此外，他们还将掌握合理的文件组织和管理方法，提高信息处理的效率和准确性。这有助于学生在日常工作和学习中更好地应用计算机技术，增强信息素养和信息安全意识。

8.3 目录

8.3.1 文件控制块和索引节点

课程知识点内容

为了能对文件进行正确的存取，必须为文件设置用于描述和控制文件的数据结构——文件控制块（File Control Block，FCB），该数据结构包含文件名及文件的各种属性，每个文件有一个文件控制块。

思政资源切入点

以上内容的课程思政资源切入点：

（1）操作系统中的文件管理是如何实现的？

（2）文件控制块是什么？有什么作用？

（3）如何使用文件控制块来管理文件？

（4）操作系统中的文件管理有哪些常见的问题和挑战？如何解决这些问题？

通过对这些问题的了解和讨论，可以帮助学生更好地理解操作系统中文件管理的原理和技术，进一步提高他们的计算机科学素养和实际应用能力。同时，也可以引导学生思考文件管理在计算机系统中的重要性和应用价值，并深入探讨其中所涉及的思想道德和社会责任等方面的问题。

课程思政案例

案例题目：文件控制块的设计及其作用

案例内容：

在文件系统中，文件控制块（FCB）是用来描述和控制文件的数据结构。

它包含了文件名及文件的各种属性，如文件大小、创建时间、修改时间、访问权限等。每个文件在文件系统中都有一个对应的 FCB，文件系统通过读取和修改 FCB 来对文件进行管理和控制。

在本案例中，通过对文件系统中的 FCB 进行深入探究，学生将会了解 FCB 的组成和作用，并且掌握如何通过修改 FCB 来实现对文件的管理和控制。具体内容包括：

（1）FCB 的组成和结构，包括文件名、文件属性、文件数据等内容。
（2）FCB 的作用，包括文件的读取、写入、修改、删除等操作。
（3）如何通过修改 FCB 来实现文件的管理和控制。
（4）FCB 的优缺点及其对文件系统的影响。

思政教育价值：

通过本案例，学生将会了解文件系统中的 FCB 是如何描述和控制文件的，并且了解文件系统中的文件访问控制等方面的知识。同时，通过学习 FCB 的优缺点，学生也可以了解在文件系统的设计与实现中需要考虑的因素，以及如何优化文件系统的性能和可靠性。这些知识可以提高学生的计算机技术素养和工程实践能力，同时也可以培养学生的创新思维和实践能力。

课程知识点内容

文件控制块中包含的信息可以分成三类，即文件的基本信息、文件存取控制信息和文件的使用信息。

思政资源切入点

数据隐私和安全：文件存储在计算机系统中，必须确保文件的隐私和安全，这涉及存储在文件控制块中的存取控制信息，如何对不同用户进行访问授权等，同时也可以引出数据隐私和信息安全等方面的思政教育话题。

文件的利用和管理：文件控制块中的文件使用信息可以反映文件的利用情况和管理情况，例如文件的访问时间、读（写）次数等信息，这可以引出文件管理的重要性，以及如何合理利用和管理文件的思政教育话题。

文件的命名和属性：文件控制块中的基本信息包括文件名、文件类型、文件大小等，这些信息是管理和利用文件的基础，同时也关系到文件系统的性能和效率，这可以引出文件命名和属性设计的重要性，以及如何通过合理的命名和属性设计提高文件系统的效率和用户体验的思政教育话题。

课程思政案例

案例题目：了解文件控制块，构建高效文件管理系统

案例内容：

学生在课上讨论了操作系统中的文件管理，特别是文件控制块的概念和内容。首先教师为学生介绍了文件控制块中包含的信息，分别是文件的基本信息、文件存取控制信息和文件的使用信息，并举例说明每个部分所包含的具体信息。接着，教师组织学生讨论构建一个高效的文件管理系统所需的文件控制块的内容和数据结构。学生分组讨论及展示各自的设计方案，并提出相应的优化建议。最后，教师总结讨论结果，鼓励学生将所学应用到实际生活和工作中，以提高工作效率和安全性。

思政教育价值：

本案例通过引导学生了解文件控制块的基本知识，使学生理解文件系统中文件的存储和管理原理，了解文件控制块的具体内容和作用，培养学生的系统性思维和实践能力。通过学生的分组讨论和展示，促进了学生之间的合作和交流，培养了学生的团队合作能力和沟通能力。通过将所学知识应用到实际生活和工作中，使学生认识到文件管理的重要性和安全性，提高了他们的责任意识和工作效率。

课程知识点内容

文件目录是一个特殊的文件，其中存储了系统中所有文件和目录的信息，包括文件名、文件类型、文件属性、存储位置等信息。每个目录都包含多个目录项，每个目录项对应一个文件或子目录，而每个目录项都包含了文件或子目录的文件名和文件控制块（FCB）的地址。通过目录，可以方便地管理系统中的所有文件和目录，实现文件的快速检索和访问。

思政资源切入点

计算机信息化与社会发展：随着信息化的不断深入和广泛应用，文件管

理系统成为计算机操作系统的重要组成部分，掌握文件目录的相关知识能够让人们更好地利用计算机进行工作和生活。

信息伦理与社会责任：文件目录作为文件控制块的有序集合，其中包含大量的文件信息，这些信息可能涉及个人隐私、商业机密等，必须加强信息安全保护，遵守信息伦理和社会责任。

创新思维与实践能力：文件目录的管理需要设计合理的数据结构和算法，能够充分发挥创新思维和实践能力，同时也需要考虑实际应用的方便和效率问题。

个人发展与职业素养：文件目录的管理需要良好的组织协调能力和沟通能力，能够有效地与其他人员进行协作，从而促进个人发展和提升职业素养。

社会问题与发展趋势：文件目录作为文件管理系统的基础，与社会的信息化发展趋势密切相关，了解其发展变化和应用情况，有助于深刻认识社会问题和发展趋势。

课程思政案例

案例题目：文件目录的作用

案例内容：

小明是一名软件开发工程师，他最近在开发一个文件管理系统。在系统中，他需要实现文件目录的管理功能。为了更好地了解文件目录的作用，他开始查阅相关资料，并与同事讨论。他们发现，文件目录是文件系统中非常重要的一部分，它可以帮助用户更快速、方便地访问和管理文件。

文件目录的作用主要包括以下几个方面：

（1）方便文件的检索：通过文件目录，用户可以很方便地查到所需要的文件，并进行操作。

（2）管理文件的存储位置：文件目录可以记录每个文件在磁盘上的存储位置，使得文件的读写更加高效。

（3）组织文件的逻辑结构：文件目录可以按照不同的逻辑关系，将文件进行分类组织，方便用户查找和管理。

（4）确定文件的权限和安全性：文件目录可以设置文件的访问权限和安全级别，保护文件的安全性。

(5) 管理文件的属性和状态：文件目录中还可以记录文件的属性和状态，如创建时间、修改时间、文件大小等，方便用户进行文件管理和维护。

思政教育价值：

文件目录作为操作系统中非常重要的一部分，不仅是技术实现的基础，也是人们日常使用计算机的基础。通过对文件目录的学习，可以帮助学生更好地了解文件系统的结构和管理原理，提高信息管理的能力，同时也可以培养学生的创新能力和团队协作精神。此外，了解文件目录的作用还可以帮助学生更好地保护自己的隐私和数据安全，提高信息安全意识。

课程知识点内容

在文件管理中，为了提高文件检索的效率和节约存储空间，一些操作系统采用了将文件名和文件描述信息分开的方法。这种方法通过使用索引节点（i节点）来实现，将文件的基本信息、存取控制信息和使用信息等描述信息单独形成一个数据结构，而在文件目录中的每个目录项，则由文件名及指向该文件所对应的索引节点的指针构成。

思政资源切入点

技术进步与社会发展：文件系统作为操作系统的重要组成部分，随着计算机技术的不断发展，文件管理也在不断优化和完善，如索引节点的引入。这反映了技术进步对社会发展的重要作用，也可以引导学生思考技术与社会的相互关系，理解技术发展对社会变革的推动作用。

信息组织与管理：文件系统的设计涉及对大量文件的管理和组织，索引节点的引入可以加速文件查找的过程，提高文件系统的效率。这启示我们在信息组织和管理方面，需要借鉴信息技术的先进理念和工具，提高信息处理效率，更好地服务于人类社会的发展和进步。

创新与改革：索引节点的引入，是对传统文件目录管理方法的创新和改革。这提醒我们在思考问题和解决问题时，需要有创新意识和改革精神，敢于突破传统思维定式和模式，尝试新的方法和手段，不断创新和完善管理体系，推动科技和社会的不断发展。

课程思政案例

案例题目：文件系统优化案例

案例内容：

某公司拥有大量的文件，这些文件的存储和管理对公司的业务非常关键。经过分析，发现文件系统查找文件的效率较低，占用了大量的时间和资源。为了优化文件系统，提高文件查找的效率，该公司决定采取以下措施：

（1）将文件名与文件的描述信息分开，把文件的描述信息单独形成一个称为索引节点的数据结构，简称索引节点。

（2）在文件目录中的每个目录项，则由文件名及指向该文件所对应的索引节点的指针构成。

经过改进后，文件系统的查找效率得到了显著提高。

思政教育价值：

本案例可以引导学生思考如何通过优化文件系统提高文件管理的效率和安全性，同时也涉及信息管理和数据结构等方面的知识。此外，还可以引导学生思考如何在提高效率的同时，保障用户数据和隐私的安全。

8.3.2 单级目录

课程知识点内容

单级目录是操作系统中的一种文件管理方式，其特点是所有的文件都位于同一层目录下。在单级目录中，文件名是唯一的，每个文件名只能对应一个文件。当用户对某个文件进行操作时，需要提供该文件的完整路径名，即从根目录开始一直到该文件所在目录的路径名。

思政资源切入点

单级目录是一种简单的文件管理方式，它具有简单、易于实现等特点。通过学习单级目录的相关知识，可以深入了解文件管理中的目录结构、目录的作用和功能，以及目录与文件的关系等方面的内容。此外，还可以学习如何创建、删除、修改文件和目录,以及如何使用文件系统提供的命令对文件和目录进行操作等技术,同时也能了解文件系统的性能、安全等方面的内容。

课程思政案例

案例题目:单级目录的文件管理方式

案例内容:

在单级目录的文件管理方式中,所有的文件都位于同一层目录下,每个文件名只能对应一个文件。用户对某个文件进行操作时,需要提供该文件的完整路径名,即从根目录开始一直到该文件所在目录的路径名。

思政教育价值:

单级目录的文件管理方式虽然简单,但也有其局限性。学生可以通过该案例,深入了解单级目录的文件管理方式,并进一步思考文件管理方式的优缺点,引导学生关注操作系统中不同的文件管理方式对系统性能、数据安全等方面的影响,从而培养学生的系统思维和创新意识。同时,学生也可以通过思考,将文件管理方式的优化和创新运用到实际生活和工作中,提高应用能力和创新能力。

8.3.3 两级目录

课程知识点内容

两级目录是操作系统中的文件管理采用的一种常见方式。这种管理方式将文件分为不同的目录,每个目录可以包含多个文件或子目录。在这种方式下,每个目录都有一个唯一的名称,可以用来引用该目录中的文件或子目录。文件名不必是唯一的,不同的目录下可以有同名的文件,但在同一目录下,文件名是唯一的。

思政资源切入点

两级目录的设计涉及组织和管理资源的方式,可以引导学生思考如何合理利用资源,以及如何设计合适的组织结构来提高资源的利用效率。此外，两级目录的设计也可以引导学生思考安全性和可靠性的重要性，了解如何保护文件和数据的安全，以及如何保证系统的可靠性和稳定性。

课程思政案例

案例题目：操作系统文件管理中的两级目录

案例内容：

在操作系统文件管理中，为了更好地管理文件，可以采用两级目录的方式。两级目录包含了根目录和子目录。根目录是位于文件系统的最顶层目录，是整个文件系统的根，所有的文件和子目录都直接或间接地从根目录派生出来。而子目录是在根目录下创建的目录，它们可以继续创建更多的子目录，形成一棵树状结构。在两级目录中，每个目录都有一个唯一的目录名，用于区分不同的目录。

两级目录的实现方式可以采用目录文件和目录项的方式。目录文件是一个特殊的文件，它包含了该目录中所有文件和子目录的目录项。目录项是指与文件或目录有关的信息，如文件名、文件大小、文件类型等。目录项可以按照文件或目录的类型分类，如文件和子目录的目录项可以分开存储。

思政教育价值：

学习操作系统文件管理中的两级目录，可以培养学生的逻辑思维能力和信息管理能力。学生可以了解不同的文件管理方式对于文件的组织和管理的影响，理解目录文件和目录项的概念和作用，掌握在两级目录下进行文件和目录操作的基本方法和技巧。同时，学生也可以认识到在信息化时代，信息管理的重要性和必要性，了解信息安全管理的基本原则和方法。这些知识和能力都有助于学生在未来的学习和工作中更好地理解和应用信息技术，为社会发展做出贡献。

8.3.4 树形目录

课程知识点内容

树形目录是操作系统中的一种文件管理方式，它采用树状结构组织文件目录。与单级目录和两级目录相比，树形目录能够更加灵活地管理文件，允许创建多级目录，并且可以为每个目录设置不同的权限和属性。

树形目录的根目录位于最顶层，所有的文件和目录都从根目录开始，通过一系列的分支和叶子节点组成树状结构。每个目录节点都包含一个目录项，其中包含文件名、文件类型、文件大小、访问权限、创建时间等信息，还包含指向该目录下子目录和文件的指针。树形目录的路径名由从根节点到目标节点的所有目录项的文件名组成。

思政资源切入点

首先，树形目录可以引导人们养成良好的组织和管理习惯，帮助人们更加科学地管理个人和社会资源，体现个人责任感和社会责任感。其次，树形目录的访问控制机制也有助于人们了解信息安全和隐私保护的重要性，从而形成保护个人信息、维护信息安全的意识和行为习惯。最后，树形目录的应用还有助于培养人们的创新思维和实践能力，鼓励人们通过技术手段解决实际问题，促进社会发展和进步。

课程思政案例

案例题目：操作系统文件管理中的树形目录结构案例
案例内容：

小明是一名软件工程专业的大学生，他在操作系统课程中学习了文件管理的相关知识，对于树形目录结构产生了浓厚的兴趣，对于树形目录结构的原理和实现方法有了初步的认识。

为了更好地掌握树形目录结构的应用，小明决定自己动手实现一个简单的文件系统，并在其中应用树形目录结构。他首先设计了一个基本的树形目录结构，其中包括了根目录和若干个子目录。他通过编写程序实现了在目录中创建文件和子目录，以及在文件中写入、读取和删除数据等基本功能。

但是，小明发现在实际应用中，由于文件系统中的文件数量和层级关系较为复杂，导致文件的查找和管理非常困难，需要花费大量的时间和精力。他经过思考，决定在文件系统中添加一个搜索功能，以提高文件查找的效率。他通过在目录中添加索引节点和哈希表等数据结构来实现搜索功能，并最终实现了一个高效的树形目录结构文件系统。

思政教育价值：

本案例可以引导学生思考文件管理的基本原理和实现方法，通过自己动手实现一个简单的文件系统，深入理解树形目录结构的概念和基本原理。同时，案例中提到了在实际应用中面临的问题和困难，鼓励学生勇于探索和创新，在设计和实现过程中加强实践能力和创新精神。此外，搜索功能的实现也展示了在文件管理中应用数据结构和算法的重要性，引导学生加强对数据结构和算法的学习和理解。

8.3.5 目录的查询

课程知识点内容

目录查询是操作系统文件管理中非常重要的一个环节，其主要功能是通过用户提供的文件名来定位目标文件，并获取该文件的相关信息。

思政资源切入点

信息安全意识：介绍系统如何对用户提供的文件名进行查找，强调用户对自己的文件信息保密和防范恶意攻击的重要性。

职业道德：强调系统管理员或文件管理者对用户文件的保护和维护，以及遵守保密和隐私等方面的职业道德和规范。

创新精神：引导学生思考如何提高文件查找和读取的效率和速度，探讨如何通过技术手段进行优化和改进。

课程思政案例

案例题目：操作系统文件管理中的目录查询

案例内容：

小明需要从计算机中查找某个文件，他通过操作系统提供的文件管理功能进行查询。系统按照一定的查找方式寻找该文件，具体步骤如下：

（1）利用用户提供的文件名，在目录结构中进行查找。

（2）如果找到该文件，则获取该文件的元数据信息，包括文件大小、创建时间、修改时间等。

（3）如果需要对该文件进行操作，系统则会根据元数据信息和权限信息，判断用户是否有权对该文件进行操作，如果没有则会拒绝操作请求。

（4）如果该文件被加密或者被保护，系统则会根据相应的密钥或者密码进行解密或者解保护操作。

思政教育价值：

科学技术为人类服务，需要充分利用其功能优势，让人们的工作变得更加高效、便捷。操作系统中提供的文件管理功能为人们的工作提供了便利。

课程知识点内容

对目录的查询有多种算法，如线性检索算法、哈希检索算法及其他算法。

（1）线性检索算法：线性检索算法是一种简单的查找算法，它的基本思想是逐一比较待查找的元素和目录中的元素，直到找到或查找完所有元素为止。这种算法适用于目录数据量较小的情况，但是当目录数据量较大时，效率比较低。

（2）哈希检索算法：哈希检索算法是一种基于哈希表的查找算法，它通过哈希函数将目录中的元素映射到哈希表中的位置，然后在哈希表中查找元素。这种算法的优点是查找速度快，适用于目录数据量较大的情况，但是需要占用较多的内存空间。

（3）其他算法：除了线性检索算法和哈希检索算法，还有许多其他的查找算法，如二分查找算法、B+树查找算法等。二分查找算法适用于有序的目录数据，可以通过不断缩小查找范围来提高查找效率。B+树查找算法适用于大规模数据的高效查询和排序，可以通过树状结构减少磁盘I/O次数，提高查询效率。这些算法在不同的场景下都有着广泛的应用。

思政资源切入点

（1）线性检索算法：可从以下方面切入课程思政资源。

责任担当：线性检索算法需要逐个遍历目录中的元素，进行大量的比较和搜索工作，这要求程序员具备极强责任感和耐心。

吃苦耐劳：线性检索算法效率较低，需要遍历整个目录才能找到目标元素，程序员需具备吃苦耐劳的品质。

民族复兴：线性检索算法是较为基础的算法之一，需要学生在学习中保持对本土算法的关注和重视，为我国的计算机科学发展贡献力量。

（2）哈希检索算法：可从以下方面切入课程思政资源。

热爱科学、崇尚科学：哈希算法是一种高效的算法，需要学生具备热爱科学、崇尚科学的品质，不断学习和探索新的算法和技术，为社会和科学进步做出贡献。

责任担当：哈希算法的实现需要考虑到数据的分布、冲突等问题，程序员需具备责任感和专业精神，确保程序的正确性和可靠性。

服务社会：哈希算法在计算机系统和网络中广泛应用，具有重要的社会和经济价值。学生需要了解和关注哈希算法在实际应用中的问题和挑战，为社会提供更优秀的技术和服务。

（3）其他算法：例如B+树等算法，可从以下方面切入课程思政资源。

团队精神、协同工作：B+树算法需要多个模块的协同工作才能实现目录的高效查询和管理，学生需要具备团队精神，注重信息共享和协作，发挥个人优势，完成团队任务。

科技创新精神、创业意识：B+树算法是一种高效的目录查询算法，具有较高的商业和应用价值。学生需要具备科技创新精神和创业意识，不断探索新的技术和商业应用，为社会经济发展和自身成长贡献力量。

课程思政案例

案例题目：图书馆书目查询系统的优化与思政教育

案例内容：

某高校图书馆的书目查询系统在应用中出现了查询速度较慢的问题，影响了用户的使用体验。为了优化系统，图书馆决定引入更高效的目录查询算法。经过研究，图书馆决定使用B+树算法对目录进行优化，以提升查询速度和完善用户体验。同时，图书馆还在查询结果页面增加了相关的思政教育资源，包括：

（1）提醒用户文献资源的珍贵性和爱护图书的观念。

（2）引导用户在查询中尊重知识产权和学术规范。

（3）向用户介绍科技创新的理念，鼓励学生在科技创新中探索发现，营造创新氛围。

（4）强调团队合作的重要性，鼓励用户在查询中互相交流、学习。

思政教育价值：

此案例融合了图书馆的技术优化和思政教育资源，为学生提供了一次综合性的体验和学习机会。通过引入 B+树算法优化目录查询，学生不仅可以感受到技术带来的便利，还可以理解算法的工作原理和优化效果。同时，在查询结果页面引入思政教育资源，不仅可以帮助学生增强知识产权和学术规范意识，还可以提高科技创新和团队合作意识，培养学生的社会责任感和团队协作精神。

8.3.6 文件的共享

课程知识点内容

文件的共享分为基于索引节点的文件共享、基于符号链接的文件共享和远程文件共享。

思政资源切入点

知识伦理层面：在介绍文件共享的同时，要强调学生遵守知识产权保护的原则。学生要了解不同的文件共享方式，遵守著作权法，不侵犯他人的知识产权，维护知识产权的合法权益。

社会责任层面：基于符号链接的文件共享方式，可能会产生安全风险和法律问题，因此，学生需要了解自己在使用共享文件时，要遵守相关的法律法规和规范，不做任何违法违规的事情，承担起维护网络安全和社会稳定的责任。

科学精神层面：学生应该了解不同文件共享方式的优缺点，对于基于索引节点的文件共享和远程文件共享，学生应该了解如何有效地利用文件共享方式，提高工作效率；对于基于符号链接的文件共享方式，学生应该了解如何判断文件的来源和真实性，以提高安全性。

创新创业层面：远程文件共享是一种新型的文件共享方式，也是未来的发展方向。学生应该了解如何利用远程文件共享技术，创造出更多有益于人类的新应用，发挥自己的创新创业精神。

课程思政案例

案例题目：基于符号链接的文件共享与职业道德

案例内容：

在一家软件开发公司，小明负责开发项目 A，小红负责开发项目 B。两个项目中需要用到同一个库文件 libA.so，小明将该文件放在了项目 A 的文件夹中，并创建了一个符号链接文件 lib.so，指向了真实的库文件路径。小红发现自己的项目 B 也需要使用该库文件，于是通过符号链接文件引用了该库文件。然而，小红后来发现，小明在更新项目 A 时不小心误删了库文件，导致项目 B 无法编译通过。小红对此感到非常困扰，同时也对小明的行为提出了质疑，认为他没有遵守职业道德。

思政教育价值：

本案例涉及职业道德、职业素养等方面的问题，可以从以下几个方面进行思政教育：

（1）依法合规：符号链接的使用需要遵守相关法律法规，尤其需要注意文件的访问权限、共享方式等细节，这涉及遵纪守法的价值观。

（2）职业道德：作为软件开发人员，必须具备职业道德，不仅要注重代码编写的质量和效率，还需要关注软件设计的安全性、稳定性和易维护性等特征，以及对他人利益的尊重和保护。

（3）协同合作：在团队协作中，多避免对他人工作的影响，多交流沟通，以确保各个项目的独立性和稳定性。

（4）自我约束：软件开发人员要具备自我约束的能力，时刻保持高要求和自我检讨，不断提高自己的职业素养和职业能力。

8.4 文件系统实现

8.4.1 文件系统的格式

课程知识点内容

文件系统是操作系统的重要部分。文件系统一词在不同的情况下有不同的含义。一般而言，对文件系统的定义是指在操作系统内部用来对文件进行控制和管理的一套机制及其实现。而在具体应用和实现上，文件系统又指存储介质按照一种特定的文件格式加以构造。

思政资源切入点

系统在计算机上存储和管理个人文档、照片、音频和视频等信息。

社会责任：文件系统的设计和实现应该注重用户的数据安全和隐私保护。文件系统的漏洞和错误可能会导致用户数据的丢失或泄露，造成严重的后果。因此，文件系统的开发者和维护者需要担负起相应的社会责任，保护用户数据的安全和隐私。

创新精神：文件系统的发展需要不断的创新和改进。例如，新的存储介质技术和大数据应用对文件系统的设计和实现提出了新的挑战和需求。因此，文件系统的开发者需要具备创新精神，不断探索新的技术和方法，以满足用户的需求和应对新的挑战。

诚信和责任：文件系统的实现需要依赖于多个开发者和维护者的合作。因此，诚信和责任是文件系统开发者和维护者需要具备的基本素质。他们需要尊重知识产权和用户权益，遵循行业规范和法律法规，确保文件系统的正常运行和用户数据的安全。

课程思政案例

案例题目：文件系统的演化历程

8 文件管理课程思政教学案例设计

案例内容：

随着计算机技术的不断发展，文件系统也在在不断演化和发展。早期的文件系统比较简单，只能进行基本的文件管理和控制。随着操作系统的发展和计算机硬件的升级，文件系统也在不断更新和完善。比如，FAT16是早期的文件系统之一，但由于它在大容量存储器上表现不佳，后来逐渐被FAT32和NTFS等更为先进的文件系统所取代。现在，随着云计算和大数据时代的到来，分布式文件系统和对象存储等新型文件系统也逐渐兴起。

思政教育价值：

文件系统的演化历程，反映了科技进步的历史，具有很强的思政教育价值。通过对文件系统的演化历程的学习，可以引导学生对科技进步和历史变迁的认知和理解。同时，可以激发学生的创新意识和探索精神。此外，文件系统的不断完善和更新，也提醒学生在技术革新的时代背景下，需要不断学习和掌握新的知识和技能，才能跟上时代的步伐。

课程知识点内容

选择分区和文件系统需要考虑数据的安全性、文件系统的性能和操作的便利性等因素。同时，对于不同的操作系统和应用场景，也需要选取适合的分区和文件系统类型。

思政资源切入点

责任担当和安全意识：选择分区和文件系统涉及个人和组织的责任担当和安全意识，需要引导学生始终把数据安全放在首位，选取合适的分区和文件系统类型，保障数据的安全。

科学精神和创新意识：选择分区和文件系统需要考虑文件系统的性能和操作的便利性等因素。这涉及科学精神和创新意识，需要引导学生了解各种分区和文件系统类型的特点和适用场景，根据实际需要进行选择和创新。

社会责任和环保意识：磁盘等存储介质的生产和使用对环境有一定的影响。在选择分区和文件系统时，需要考虑对环境的影响，引导学生具有社会责任和环保意识，推广使用对环境友好的存储介质和文件系统类型。

学术诚信和专业道德：选择分区和文件系统需要根据实际需要选择适合

的类型，并保证数据的安全和完整性。这涉及学术诚信和专业道德，需要引导学生树立正确的学术观和职业道德，不进行数据篡改和损坏等违反学术规范和职业道德的行为。

课程思政案例

案例题目：选择文件系统引发的数据安全问题
案例内容：

小明是一名大学生，他在自己的电脑上安装了 Ubuntu 操作系统。为了存储自己的学习资料和生活照片，他在电脑上新建了一个分区，并选择了 NTFS 文件系统。但是在使用过程中遇到突然断电的情况，重新开机后他发现，之前保存在该分区中的文件全部丢失了。

思政教育价值：

（1）责任担当和安全意识：对于数据安全问题，个人和组织都有责任担当和安全意识。在选择分区和文件系统时，需要考虑数据的安全性，选取合适的分区和文件系统类型，保障数据的安全。

（2）科学精神和创新意识：选择分区和文件系统需要考虑文件系统的性能和操作的便利性等因素。学生应该了解各种分区和文件系统类型的特点和适用场景，根据实际需要进行选择和创新。

（3）学术诚信和专业道德：选择分区和文件系统时，需要根据实际需要选择适合的类型，并保证数据的安全和完整性。学生应该树立正确的学术观和职业道德，不施行数据篡改和损坏等违反学术规范和职业道德的行为。

（4）社会责任和环保意识：磁盘等存储介质的生产和使用对环境有一定的影响。学生应该具有社会责任和环保意识，推广使用对环境友好的存储介质和文件系统类型，减少对环境的影响。

8.4.2 文件的存储结构

课程知识点内容

文件的存储结构又称为文件的物理结构，是指文件在外存上的存储形式，它与存储介质的性能有关。由于磁盘具有可直接访问的特性，故用磁盘来存放文件，具有很大的灵活性。实现文件存储的关键问题是将文件分配到磁盘的哪些磁盘块中。

思政资源切入点

科学精神和创新精神：讲解磁盘作为存储介质的特性，说明了选择存储介质的科学性。同时，对于文件的存储结构设计也需要有创新精神，灵活应用磁盘的特性，提高文件存储的效率和可靠性。

责任担当和职业道德：文件的存储结构设计需要考虑到存储介质的性能，同时也需要兼顾数据的安全性和文件系统的性能。设计不当可能会导致数据丢失或文件系统崩溃等问题，因此设计人员需要具备责任担当和职业道德。

团队协作和信息共享：文件的存储结构设计需要协同工作，涉及多个领域的知识和专业技能。因此，需要具备团队协作精神和信息共享意识，充分利用团队资源，提高文件存储结构的设计质量。

环保意识：磁盘是文件存储的主要介质之一，磁盘的生产和使用对环境有一定的影响。因此，需要在文件的存储结构设计中考虑到环保意识，减少对环境的影响。

课程思政案例

案例题目：文件存储结构的设计与思政教育

案例内容：

计算机中的文件存储结构是指文件在外存上的存储形式。磁盘作为计算机最常用的存储介质之一，可以直接访问，也具有很大的灵活性。因此，实现文件存储的关键问题是将文件分配到磁盘的哪些磁盘块中。而在文件存储结构的设计中，需要考虑存储介质的性能，例如，磁盘的读写速度、磁盘块的大小等因素，同时还需要兼顾文件的安全性、性能和操作的便利性等因素。因此，在设计文件存储结构时，需要进行权衡和取舍。

思政教育价值：

文件存储结构的设计是计算机操作系统中的一项重要内容，涉及信息存储和管理的核心问题。在这一过程中，学生不仅需要掌握计算机系统的文件存储原理和技术，还需要了解文件存储结构的设计过程和方法。同时，文件存储结构的设计还需要考虑计算机系统所面临的社会和环境问题，如信息安全和环境保护等。因此，通过这一案例，可以引导学生积极思考文件存储结构的设计与优化，同时培养学生的责任感和使命感，引导学生秉持正确的价值观和道德标准，为信息技术的发展和社会进步做出贡献。

8.4.3 空闲存储空间的管理

课程知识点内容

为了实现文件存储空间的分配，系统必须记住空闲存储空间的情况，以便随时分配给新的文件和目录。

思政资源切入点

责任担当和职业素养：系统必须记住空闲存储空间的情况，这要求计算机系统的设计者和开发人员具备对工作的责任感和专业素养，确保系统能够高效、准确地分配和管理存储空间，为用户提供优质的服务。

团队精神和协同工作：为了实现文件存储空间的分配，计算机系统需要涉及多个模块和组件之间的协作，这需要系统开发人员具备团队精神和协同工作的能力，以确保系统的各个部分协调运作，实现高效的存储管理。

环保意识和资源利用：文件存储空间的分配需要对磁盘空间的利用进行有效的管理，这体现了对资源的合理利用和环保意识，教育学生珍惜资源、节约能源，关注环境保护问题，从而培养学生的社会责任感和环保意识。

课程思政案例

案例题目：磁盘空间管理

案例内容：

小明是一名大学生，平时喜欢在电脑上下载各种电影、音乐等文件。但是最近他发现电脑的磁盘空间越来越小，无法继续下载他喜欢的内容。他向计算机专业的朋友寻求帮助，得知这是因为磁盘的空间已经被占满了，需要清理一些无用文件或者扩容磁盘空间。经过查看，小明发现有一些之前下载的文件已经不需要了，但是他却不知道如何找到这些文件并删除它们。于是他向朋友请教，得知操作系统可以管理磁盘空间，但是需要了解空闲存储空间的管理原理，才能够更好地管理电脑磁盘的空间。

思政教育价值：

通过磁盘空间管理这一实际问题，引导学生思考如何更好地管理资源，体现节约资源、保护环境的理念；同时，引导学生了解文件管理的相关知识，增强科学素养和信息素养。此外，让学生了解操作系统如何管理磁盘空间，体现了计算机专业的专业素养。

参考文献

[1] 梁荣华. 计算机大类专业课程思政案例集 [M]. 杭州：浙江大学出版社，2023：1-10.

[2] 史水娥. 电子学科课程思政教学设计指南 [M]. 西安：西安电子科技大学出版社，2023，1：30-31.

[3] 马建辉. 新工科背景下专业课程思政教学指南 [M]. 武汉：华中科技大学出版社，2022，2：1-50.

[4] 陈文海. 高校课程思政优秀教学案例选编 [M]. 广州：广东高等教育出版社，2021，7：1-30.

[5] 汤全武. 课程思政——电子信息类专业课程设计与实践 [M]. 北京：清华大学出版社，2022，9：23-25.

[6] 王丽芳，武瑞娟，樊彩霞. 操作系统中进程同步与互斥思政教学设计 [J]. 计算机时代，2021（6）：102-105，109.

[7] 张玉琢，肖飞，向宇. 计算机操作系统"课程思政"教学实践探索 [J]. 科学咨询（科技·管理），2020（8）：71-72.

[8] 余融. 课程思政依托人文教育"细无声" [J]. 中外企业家，2018（3）：187.

[9] 裴晨晨. 浅析高校开展"课程思政"的问题及对策建议 [J]. 决策咨询，2018（4）：77-80.

[10] 丁凯孟，徐楠. 人工智能时代的操作系统课程思政探索 [J]. 教育教学论坛，2021（12）：137-140.

[11] 刘小兵，杨杰，李小武，等. 新工科背景下课程体系和教学内容的改革与探索——以《操作系统》课程为例 [J]. 湖南科技学院学报，2021，42（3）：105-107.

[12] 李丹，童艳，杨明. 以课程思政重塑操作系统课程教学体系 [J]. 黑龙江科学，2021，12（13）：80-81.

[13] 孙雅. 产教融合背景下包装设计课程思政探索与实践 [J]. 绿色包装, 2023 (1): 19-22.

[14] 张淑辉, 高雷虹, 杨洋. 高校课程思政混合式教学困境及改进策略 [J]. 教育理论与实践, 2023, 43 (3): 57-60.

[15] 王楠, 程现昆, 张毅. 高校课程思政建设的路径探析 [J]. 辽宁农业职业技术学院学报, 2023, 25 (1): 40-43.

[16] 陶贤都. 基于沉浸传播的新闻传播学课程思政实践路径研究 [J]. 教育传媒研究, 2023 (1): 50-52.

[17] 张洪业. 计算机专业课程思政的全局建设探索 [J]. 计算机教育, 2023 (1): 53-56.

[18] 姚云云, 张庆霞, 郑夏. 价值要求与实践路径: 大庆精神融入石油高校课程思政建设探索——以东北石油大学为例 [J]. 黑龙江生态工程职业学院学报, 2023, 36 (1): 138-142.

[19] 刘玉秋. 课程思政背景下思政课程内涵式建设路径探析 [J]. 华北理工大学学报（社会科学版）, 2023, 23 (1): 74-78.

[20] 王菲, 王亚飞. 课程思政教学评价机制的基本原则与实践探索 [J]. 衡水学院学报, 2023, 25 (1): 46-50.

[21] 姚争为, 丁丹丹. 三位一体程序设计课程思政体系的设计与构建 [J]. 计算机教育, 2023 (1): 62-66.

[22] 吴佩育, 张艳青. 新工科背景下高校理工类专业课程思政探析 [J]. 衡水学院学报, 2023, 25 (1): 61-64.

[23] 谢建社, 张民巍, 谢宇. 新时代青年大学生课程思政教学改革的社会学思考 [J]. 西北成人教育学院学报, 2023 (1): 5-12.

[24] 周兆妍, 赵增秀, 胡升泽. "大学物理"课程思政案例库建设探索 [J]. 高等教育研究学报, 2022, 45 (4): 77-81, 116.

[25] 孔维华, 胥啸宇, 朱骏, 等. 测绘地理信息类专业课程思政案例库建设与实践 [J]. 测绘通报, 2022 (10): 152-157.

[26] 郝虹. 高校历史学专业课程思政案例库建设研究 [J]. 大连大学学报, 2022, 43 (2): 82-86.

[27] 郑兰红, 宁若男, 贾尧玲, 等. 应用型本科院校天然药物化学课程思政案例库建设 [J]. 中国中医药现代远程教育, 2023, 21 (2): 179-181.